D1734436

Doppel-Bändchen.

4 Silbergr.   14 Kr. rhein.

Universal-Bibliothek

(291, 292)

Gedichte

von

August von Platen.

2 Sgr. käuflich

einzeln für

oder Band ist

Leipzig.

Verlag von Philipp Reclam jun.

Universal-Bibliothek.

Preis jedes Bandes: 2 Sgr. = 7 Kr. rhein.

Neue Erscheinungen.

Vollständiges Verzeichniß
der bis Januar 1871 erschienenen 300 Bände:

Fortsetzung auf der dritten Seite des Umschlags

Gedichte

von

August von Platen.

Leipzig,

Druck und Verlag von Philipp Reclam jun.

Balladen.

___

Colombo's Geist.
1818.

Durch die Fluten bahnte, durch die dunkeln,
Sich das Schiff die feuchte Straße leicht:
Stürme ruhn und alle Sterne funkeln,
Als den Wendepunkt die Nacht erreicht.

Und der neuenthronte Kaiser stützte
Seine Stirne mit der tapfern Hand,
Eine Welle nach der andern spritzte
Um das Steuer des Northumberland.

An die Schlachten denkt der Held im Geiste,
Die er schlug, an sein erprobtes Heer;
Doch um ihn und seine Trümmer kreiste,
Einer Riesenschlange gleich, das Meer.

Den des Südens Steppen nicht bezwangen,
Den der Frost des Nordens kaum besiegt,
Fühlt sich nun im engen Raum gefangen,
Auf dem Schaum sich hin und her gewiegt.

Als er hadernd solchem Truggeschicke
Gottes Rathschluß fodert vor Gericht,
Sieh, da zeigt sich seinem nassen Blicke
Eines Helden Schattenbild und spricht:

Klage nicht, wenn auch die Seele duldet,
Klage nicht, dir ist ein Trost bereit:
Was du leidest, litt ich unverschuldet,
Und Colombo nannte mich die Zeit.

Ich zuerst durchschnitt die Wasserwüste,
Ueber der du deine Zähren weinst,
Der Atlantis frühverlorne Küste,
Dieser Fuß betrat zuerst sie einst.

1*

Nun erglänzt in heller Morgenstunden
Auferstehung jenes theure Land,
Das der Menschheit ich zum Heil gefunden,
Nicht zum Frohndienst einem Ferdinand!

Du erlagst dem unbezwingbar'n Norden;
Aber Jene, die darob sich freun,
Werden zitternd vor entmenschten Horden
Ihren blinden Jubel bald bereun!

Aber kommt der große Tag der Schmerzen,
Und es hemmt ja Nichts der Zeiten Lauf,
Nimm, Columbia, dann die freien Herzen,
Nimm Europa's letzte Helden auf!

Wann das große Henkerschwert geschliffen,
Meinen Kindern dann ein werther Gast,
Kommt die Freiheit auf bekränzten Schiffen,
Ihre Mütze pflanzt sie auf den Mast!

Segle westwärts, sonne dich am Lichte,
Das umglänzt den stillen Ocean;
Denn nach Westen flieht die Weltgeschichte:
Wie ein Herold segelst du voran!

Sprach's das Schattenbild und schien vergangen,
Wie ein Stern, der im Verlöschen blinkt:
Freude färbt des großen Würgers Wangen,
Weil Europa hinter ihm versinkt.

Der Pilgrim vor St. Just.
1819.

Nacht ist's und Stürme sausen für und für,
Hispanische Mönche, schließt mir auf die Thür!

Laßt hier mich ruhn, bis Glockenton mich weckt,
Der zum Gebet Euch in die Kirche schreckt!

Bereitet mir, was Euer Haus vermag,
Ein Ordenskleid und einen Sarkophag!

Gönnt mir die kleine Zelle, weiht mich ein.
Mehr als die Hälfte dieser Welt war mein.

Das Haupt, das nun der Scheere sich bequemt,
Mit mancher Krone ward's bediademt.

Die Schulter, die der Kutte nun sich bückt,
Hat kaiserlicher Hermelin geschmückt.

Nun bin ich vor dem Tod den Toben gleich,
Und fall' in Trümmer, wie das alte Reich.

Das Grab im Busento.

1820.

Nächtlich am Busento lispeln, bei Cosenza dumpfe Lieder,
Aus den Wassern schallt es Antwort, und in Wirbeln klingt
es wieder!

Und den Fluß hinauf, hinunter ziehn die Schatten tapfrer
Gothen,
Die den Alarich beweinen, ihres Volkes besten Todten.

Allzufrüh und fern der Heimat mußten hier sie ihn begraben,
Während noch die Jugendlocken seine Schulter blond umgaben.

Und am Ufer des Busento reihten sie sich um die Wette,
Um die Strömung abzuleiten, gruben sie ein frisches Bette.

In der wogenleeren Höhlung wühlten sie empor die Erde,
Senkten tief hinein den Leichnam, mit der Rüstung, auf
dem Pferde.

Deckten dann mit Erde wieder ihn und seine stolze Habe,
Daß die hohen Stromgewächse wüchsen aus dem Heldengrabe.

Abgelenkt zum zweiten Male, ward der Fluß herbeigezogen:
Mächtig in ihr altes Bette schäumten die Busentowogen.

Und es sang ein Chor von Männern: Schlaf' in deinen
                    Heldenehren!
Keines Römers schnöde Habsucht soll dir je das Grab ver=
                    sehren!

Sangen's, und die Lobgesänge tönten fort im Gothenheere;
Wälze sie, Busentowelle, wälze sie von Meer zu Meere!

Der Tod des Carus.

1830.

Muthig stand an Persiens Grenzen Roms erprobtes Heer
                    im Feld,
Carus saß in seinem Zelte, der den Purpur trug, ein Held.

Persiens Abgesandte beugten sich vor Roms erneuter Macht,
Flehn um Frieden an den Kaiser; doch der Kaiser wählt
                    die Schlacht.

Kampfbegierig sind die Schaaren, die er fern und nah beschied,
Durch das Heer, aus tausend Kehlen, ging das hohe Sie=
                    geslied:

„Weh den Persern, Römer kommen, Römer ziehn im Flug
                    heran,
Rächen ihren Imperator, rächen dich, Valerian!

Durch Verrath und Mißgeschick nur trugst du ein barbarisch
                    Joch;
Aber, starbst du auch im Kerker, deine Rächer leben noch!

Wenn zu Pferd stieg Artaxerxes, ungezähmten Stolz im Blick,
Setzte seinen Fuß der König auf Valerians Genick.

Ach, und Rom in seiner Schande, das vordem die Welt
                    gewann,
Flehte zum Olymp um einen, flehte nur um Einen Mann.

Aber Männer sind erstanden, Männer führen uns zur
                    Schlacht,
Scipio, Marius und Pompejus sind aus ihrem Grab erwacht!

Unser Kaiser Aurelianus hat die Gothen übermannt,
Welche deinen Wundertempel, Ephesus, zu Staub verbrannt.

Unser Kaiser Aurelianus hat die stolze Frau besiegt,
Welche nun im stillen Tibur ihre Schmach in Träume wiegt.

Probus führte seine Mauer durch des Nordens halbe Welt,
Neun Germanenfürsten knieten vor dem römischen Kaiserzelt.

Carus, unser Imperator, sühnt nun auch die letzte Schmach,
Geht mit Heldenschritt voran uns, Heldenschritte folgen nach."

So der Weihgesang. Und siehe, plötzlich steigt Gewölk empor,
Finsterniß bedeckt den Himmel, wie ein schwarzer Trauerflor.

Regen stürzt in wilden Güssen, grausenhafter Donner brüllt,
Keiner mehr erkennt den Andern, Alles ist in Nacht verhüllt.

Plötzlich zuckt ein Blitz vom Himmel. Viele stürzen bang herbei,
Denn im Zelt des Imperators hört man einen lauten Schrei.

Carus ist erschlagen! Jeder thut auf Kampf und Wehr Verzicht,
Und es folgt des Heers Verzweiflung auf die schöne Zuversicht.

Alle fliehn, das Lager feiert, wie ein unbewohntes Haus,
Und der Schmerz der Legionen bricht in laute Klagen aus:

Götter haben uns gerichtet, Untergang ist unser Theil;
Denn des Capitols Gebieter sandte seinen Donnerkeil!

Untergang und Schande wälzen ihren uferlosen Strom!
Stirb und neige dich, o neige dich zu Grabe, hohes Rom!

Harmosan.

1830.

Schon war gesunken in den Staub der Sassaniden alter Thron,
Es plündert Mosleminenhand das schätzereiche Ktesiphon:

Schon langt am Oxus Omar an, nach manchem durchge-
kämpften Tag,
Wo Chosru's Enkel Jesdgerd auf Leichen eine Leiche lag.

Und als die Beute muftern ging Medina's Fürst auf wei-
tem Plan,
Ward ein Satrap vor ihn geführt, er hieß mit Namen
Harmofan;
Der letzte, der im Hochgebirg dem kühnen Feind sich widerfetzt;
Doch ach, die sonst so tapfre Hand trug eine schwere Kette jetzt!

Und Omar blickt ihn finster an und spricht: Erkennst du
nun, wie sehr
Vergeblich ist vor unserm Gott der Götzendiener Gegenwehr?
Und Harmofan erwidert ihm: In deinen Händen ist die Macht,
Wer einem Sieger widerspricht, der widerspricht mit Unbedacht.

Nur eine Bitte wag' ich noch, abwägend dein Geschick und
meins:
Drei Tage focht ich ohne Trunk, laß reichen einen Becher
Weins!
Und auf des Feldherrn leisen Wink steht ihm sogleich ein
Trunk bereit;
Doch Harmofan befürchtet Gift, und zaudert eine kleine Zeit.

Was zagst du, ruft der Saracen, nie täuscht ein Moslem
seinen Gast,
Nicht eher sollst du sterben, Freund, als bist du dies ge-
trunken hast!
Da greift der Perser nach dem Glas, und statt zu trin-
ken, schleudert hart
Zu Boden er's auf einen Stein mit rascher Geistesgegenwart.

Und Omars Mannen stürzen schon mit blankem Schwert
auf ihn heran,
Zu strafen ob der Hinterlist den allzuschlauen Harmofan;
Doch wehrt der Feldherr ihnen ab, und spricht sodann:
Er lebe fort!
Wenn was auf Erden heilig ist, so ist es eines Helden Wort.

————

Luca Signorelli.

1830.

Die Abendstille kam herbei,
Der Meister folgt dem allgemeinen Triebe;
Verlassend seine Staffelei,
Blickt er das Bild noch ein Mal an mit Liebe.

Da pocht es voll Tumult am Haus,
Und ehe Luca fähig ist zu fragen,
Ruft einer seiner Schüler aus:
Dein einziger Sohn, o Meister, ist erschlagen!

In holder Blüte sank dahin
Der schönste Jüngling, den die Welt erblickte:
Es war die Schönheit sein Ruin,
Die oft in Liebeshändel ihn verstrickte.

Vor eines Nebenbuhlers Kraft
Sank er zu Boden, fast in unsrer Mitte;
Ihn trägt bereits die Brüderschaft
Zur Todtenkirche, wie es heischt die Sitte.

Und Luca spricht: O mein Geschick!
So leb' ich denn, so streb' ich denn vergebens?
Zu nichte macht ein Augenblick
Die ganze Folge meines reichen Lebens!

Was half es, daß in Farb' und Licht
Als Meister ich Cortona's Volk entzückte,
Mit meinem jüngsten Weltgericht
Orvieto's hohe Tempelhallen schmückte?

Nicht Ruhm und nicht der Menschen Gunst
Beschützte mich, und nicht des Geistes Feuer:
Nun ruf' ich erst, geliebte Kunst,
Nun ruf' ich dich, du warst mir nie so theuer!

Er spricht's, und seinen Schmerz verräth
Kein andres Wort. Rasch eilt er zur Capelle,
Indem er noch das Malgeräth
Den Schülern reicht, und diese folgen schnelle.

Zur Kirche tritt der Greis hinein,
Wo seine Bilder ihm entgegentreten,
Und bei der ewigen Lampe Schein
Sieht er den Sohn, um den die Mönche beten.

Nicht klagt er oder stöhnt und schreit,
Kein Seufzer wird zum leeren Spiel des Windes,
Er setzt sich hin und conterfeit
Den schönen Leib des vielgeliebten Kindes.

Und als er ihn so Zug für Zug
Gebildet, spricht er gegen seine Knaben:
Der Morgen graut, es ist genug,
Die Priester mögen meinen Sohn begraben.

Zobir.
1830.

Raublustig und schreckenverbreitend und arm
Geleitet Abballa den Araberschwarm
Gen Afrika zu,
Vor Tripoli stehn die Beherzten im Nu.

Doch ehe sie stürmen um Mauer und Thor,
Erscheint mit dem Heere der hohe Gregor,
Statthalter im Glanz
Erfochtener Siege, geschickt von Byzanz.

Und während er drängt die fanatische Schaar,
Ritt ihm an der Seite mit goldenem Haar,
Den Speer in der Hand,
Die liebliche Tochter im Panzergewand.

Sie hatte gewählt sich ein männliches Theil,
Sie schwenkte die Lanze, sie schoß mit dem Pfeil,
Im Schlachtengetön
Wie Pallas und doch wie Cythere so schön.

Der Vater erhub sich, und blickend umher
Befeuerte mächtig die Seinigen er:
Nicht länger gespielt,
Ihr Männer, und stets nach Abballa gezielt!

Und wer mir das Haupt des Erschlagenen beut,
Dem geb' ich die schöne Maria noch heut,
Ein köstlicher Sold,
Mit ihr unermeßliche Schätze von Gold!

Da warfen die Christen verdoppelten Schaft,
Den Gläubigen Mecca's erlahmte die Kraft,
Abdalla begab
Ins Zelt sich und mied ein bereitetes Grab.

Doch stritt in dem Heere, von Eifer entfacht,
Zobir, ein gewaltiger Blitz in der Schlacht;
Fort jagt er im Zorn,
Ihm trieste der klirrende, blutige Sporn.

Er eilt zum Gebieter und spricht: Du versäumst,
Abdalla, die Schlacht, wie ein Knabe? Du träumst
Im weichen Gezelt?
Und sollst dem Califen erobern die Welt?

Was, uns zu entnerven, ersonnen der Christ,
Ihn mög' es verderben mit ähnlicher List!
Das Gleiche sogleich
Versprich es und stelle dich eben so reich!

Den Deinen verkündige folgendes Wort:
Wer immer dem feindlichen Führer sofort
Den Schädel zerhaut,
Der nehme die schöne Maria zur Braut!

Dies kündet Abdalla mit frischerem Sinn,
Die Seinen ermuthiget hoher Gewinn;
Zobir bringt vor,
Sein kreisender Säbel erlegt den Gregor.

Schon birgt in die Stadt sich die christliche Schmach,
Schon folgen die Sieger und stürzen sich nach,
Schon weht von den vier
Castellen herab des Propheten Panier.

Lang trotzte Maria dem feindlichen Troß,
Bis endlich ein Haufe sie völlig umschloß:

Von Vielen vereint
Wird vor den Zobir sie geführt, und sie weint.

Und Einer beginnt im versammelten Kreis:
Wir bringen den süßen, den lieblichen Preis,
Den höchsten, um den
Mit uns du gekämpft und gesiegt, Saracen!

Doch Jener versetzt in verächtlichem Scherz:
Wer wagt zu verführen ein männliches Herz?
Wer legt mir ein Netz?
Ich kämpfe für Gott und das hohe Gesetz!

Nicht buhl' ich um christliche Frauen mit euch:
Dich aber entlaff' ich, o Mädchen, entfleuch!
Was willst du von mir?
Beweine den Vater und hasse Zobir!

Gambacorti und Gualandi.

1832.

Als Alfons, der mächtige König,
Seine Schaaren ausgeschickt,
Anzufeinden jene weise
Florentinische Republik,
Die verwaltet wolbedächtig
Cosimo von Medicis,
Hatte Gerhard Gambacorti,
Tief im Schooß des Apennins,
Als ein Lehn der Florentiner
Eine Herrschaft im Besitz.
Durch Verschwägrung war verknüpft er
Jenem großen Albici,
Welcher aus Florenz vertrieben
Nach dem heiligen Grabe ging,
Bis zuletzt er, heimgewandert,
Seltner Schicksalslaune Spiel,
An dem Hochzeittag der Tochter
War gestorben im Exil.

Deß gedenkt nun Gambacorti,
Der Verrath und Tücke spinnt,
Als ein Feind der Medicäer
Abgeneigt der Republik,
Welcher gleichwol seinen Sohn er
Hat als Geisel überschickt,
Sicherheit ihr einzuflößen,
Die bereits Verrath umstrickt.
Als vor seinem Schloß Corzano,
Wo den kleinen Hof er hielt,
Mit dem Feldhauptmann des Königs
Nun des Königs Heer erschien,
Läßt die Brücke Gambacorti
Nieder, tritt entgegen ihm,
Dem die Burg er für den König
Tückisch überliefern will.
Ihn umgeben seine Ritter,
Männer vielgewandt im Krieg:
Unter ihnen war Gualandi,
Dem der Hochverrath mißfiel.
Der ergreift den Gambacorti,
Ueber die Brücke stößt er ihn;
Diese wird auf sein Verlangen,
Aufgezogen augenblicks,
Während aufgepflanzt die freie
Florentinische Fahne wird,
Während innerhalb die Mannschaft
Ruft: Es lebe die Republik!
Gambacorti steht verlassen
Außerhalb, im Angesicht
Seiner nun verlornen Veste,
Die Gualandi treu versicht.
Nach Neapel muß er wandern,
Mit dem Feinde muß er ziehn;
Doch es schickt den Sohn zurück ihm
Großgesinnt die Republik.

————————

Alexius.
1832.

Vor der Strenge seines Vaters, vor dem allgewaltigen Zar,
Floh von Moskau weg Alexis, der aus zarterm Stoffe war,
Gern vergönnt der milde Kaiser, den er anzuflehn beschloß,
Ein Asyl dem armen Flüchtling auf Neapels Felsenschloß.

Auf der Burg Sanct Elmo hielt sich nun des Zaren Sohn
versteckt;
Doch die Späher seines Vaters hatten dort ihn bald entdeckt;
Als zurück ihn diese schleppten nach dem eisumstarrten Pol,
Richtet er an seine Freistatt ein beklommnes Lebewohl:

Lebe wohl, o Eden, dessen Reize doppelt ich gefühlt,
Wo die Woge purpurfarbig um die felsigen Gärten spült!
Gern um deinen Zauber hätt' ich eingetauscht das größte Reich;
Doch es ist dem Feuerberg dort meines Vaters Busen gleich!

Hab ich doch nach seiner Krone nie gestrebt, und was ich bin,
War bereit ich abzutreten an den Sohn der Buhlerin!
Blos des Klosters Zwang vermeiden wollt' ich, als ich ihm
entfloh:
Fern von ihm und fern von Ehrsucht war ich hier im
Stillen froh!

Stets vor seinem Geiste hat sich meine Seele tief gebückt:
Nicht den Scepter ihm beneidet hab' ich, ach, ich war beglückt!
Nicht beneidet ihm die Waffen, die von Sieg zu Sieg er
schwang,
Seine Tugend nicht beneidet, denn sie geht den Henkergang!

Nicht die Krone blos, das Leben soll ich weihn ihm als
Tribut,
Ja, und wiederkehren soll ich, weil er lechzt nach meinem
Blut!
Vor der Allgewalt des Willens geht zu Grunde jedes Recht:
Bin ich selbst doch ein Romanow, und ich kenne mein Ge=
schlecht.

Wollte mich der Vater schonen, gäbe mir doch keine Frist
Menzikoff und dessen Kebsweib, welches nun die Zarin ist!
Doch die Rache folgt vielleicht mir in des Grabs ersehnten
Schooß!
Und dem Paar, das mich verfolgte, wird ein unglückselig
Loos!

Gerne für den Vater stürb' ich, wär's der Welt und ihm
zum Heil;
Doch ich fürchte, seine Krone wird dem Schlechtern einst
zu Theil;
Mög' er kinderlos verwelken! Seine Herrschaft ihm zum
Hohn,
Möge jene Bauerndirne theilen mit dem Bäckersohn!

Die Gründung Karthago's.

1833.

Vor der Goldbegier des Bruders,
Der nach ihren Schätzen schnaubt,
Der in ihres Gatten Busen
Sein verruchtes Schwert getaucht,
Flieht hinweg die schöne Dido
Aus sidonischen Heimatau'n,
Nimmt mit sich gehäufte Schätze,
Nimmt mit sich des Gatten Staub,
Dem gelobt sie stete Treue,
Wie es ziemt den höchsten Frau'n;
Denn der wahren Wittwe Liebe
Gleicht dem Lieben einer Braut.
Edle folgen ihr und Knechte,
Als sie löst den Ankertau,
Segeln auf den hohen Schiffen
Durch das tiefe Wogenblau,
Bis an afrikanischer Küste
Landen alle voll Vertrau'n.
Dido läßt an sichrer Felsbucht
Mächtig eine Stadt erbau'n:

Axt an Axt erklingt am Ufer,
Stein um Stein wird ausgehau'n.
Bald beschirmen stolze Mauern
Tempel, Hafen, Hütt' und Haus;
Drauf als Königin beherrschte
Dido diesen stolzen Raum.
Doch der Ruf von ihrer Schönheit
Breitet seine Flügel aus:
König Jarbas wohnt benachbart,
Tapfrer Männer Oberhaupt;
Dieser bietet seine Hand ihr,
Ja die Drohung macht er laut:
Wenn die Königin sich weigert
Meiner Kraft sich anzutrau'n,
Wehe jener Stadt, sie möchte
Dann verschwinden wie ein Traum!
Zitternd hört es ganz Karthago,
Weil er mächtig überaus,
Und des Volks ergraute Väter
Treten vor der Fürstin auf,
Flehn sie, jenen Bund zu schließen,
Hinzugeben nicht dem Raub
Diese Laren, diese Tempel,
Die sie liebend selbst gebaut;
Aber ihr im tiefen Busen
Steigt ein böser Geist herauf,
Ob sie freveln soll am Gatten,
Ob sie, jeder Bitte taub,
Freveln soll an ihrem Volke,
Das an ihre Liebe glaubt?
Doch in einer solchen Seele
Ist ein Zweifel wie ein Hauch:
Nur das Große kann sie denken,
Nur das Große führt sie aus.
Einen Holzstoß, wie zum Opfer,
Läßt die Königin erbaun,
Läßt um ihn das Volk versammeln,
Tritt hervor und steigt hinauf:
Lebe wohl, o mein Karthago,

Nicht die Feinde sollst du schaun,
Blühn empor in goldner Freiheit,
Nicht vergehn in Schutt und Graus:
O Sichäus, breite deine
Schattenarme nach mir aus!
Diese hohen Worte sprechend
Faßt ein Schwert sie ohne Graun,
Stößt es durch den schönsten Busen,
Den die Sonne durfte schaun.
Und im Aschenkrug gesammelt
Ward sofort der edle Staub,
Ward im Tempel selbst bestattet,
Ward bekränzt mit Siegeslaub.
König Jarbas zog von dannen,
Störte nicht Karthago's Bau:
Jenen seegewaltigen Freistaat
Gründete so die größte Frau.

Der alte Gondolier.

1833.

Es sonnt sich auf den Stufen
Der seebespülten Schwelle
Ein Greis am Rand der Welle,
In weißer Locken Zier:
Und gerne steht dem Frembling,
Der müßig wandelt, Rede
Auf seiner Fragen jede
Der alte Gondolier.

Er spricht: Ich habe rüstig
Lagun' und Meer befahren;
Doch hab' ich nun seit Jahren
Kein Ruder eingetaucht:
Es hangt die morsche Gondel
An Stricken in der Halle,
Wo Alles im Verfalle,
Wo Alles ungebraucht.

2

Es ist der Herr des Hauses
Nach fernen Himmelsstrichen
Seit langer Zeit entwichen,
Für unsre Bitten taub;
Der Gute zog von hinnen
Am Tag, als Bonaparte
Der Republik Standarte
Ließ werfen in den Staub.

Er stand in besten Jahren,
Als er von uns geschieden;
Doch, lebt er noch hienieden,
So ist's ein greiser Mann.
Er sprach: und soll ich dienen,
So sei's in fremden Ländern:
Hier soll mit Ordensbändern
Mich schmücken kein Tyrann!

Wir blieben, ach und schauten,
Wie Kirchenraub und Schande
Beging die schnöde Bande
Nach schnellgebrochnem Eid!
Wir sahn, wie jene Wilden
Den Bucentaur zerschlugen,
Und unsre Seelen trugen
Ein unerhörtes Leid!

Wir sahn den Marcuslöwen
Zum fernen Strand entführen,
Wir sahn, wie man mit Schwüren
Und mit Besiegten scherzt!
Wir sahn zerstört von Frevlern
Was würdig schien der Dauer,
Wir sahn an Thor und Mauer
Die Wappen ausgemerzt.

Doch leb ich und betrachte
Die theure Stadt noch immer,
Erquick' im Morgenschimmer
Die Glieder schwach und alt.

Von meines Herrn Palaste
Vermocht' ich nicht zu weichen,
Auch läßt er gern mir reichen
Den kleinen Unterhalt.

Da denk ich meiner Jugend,
Und wie ich als Matrose
Gefolgt der Windesrose
Bei Sturm und Sonnenstrahl;
Und wie blokirte Tunis
Und jene Türkenrotte
Mit seiner schönen Flotte
Venedigs Admiral.

O holder Tag, als Emo's [1]
Heimzug die Fluten theilte,
Und ihm entgegen eilte
Der Doge Paul Renier!
Gedenk ich jener Zeiten,
Wird meine Seele milder;
Es fliegen jene Bilder
Wie Engel um mich her!

Klaglied Kaiser Otto des Dritten.

1833.

O Erde, nimm den Müden,
Den Lebensmüden auf,
Der hier im fernen Süden
Beschließt den Pilgerlauf!
Schon steh ich an der Grenze,
Die Leib und Seele theilt,
Und meine zwanzig Lenze
Sind rasch dahin geeilt.

Voll unerfüllter Träume,
Verwaist, in Gram versenkt,
Entfallen mir die Zäume,
Die dieses Reich gelenkt.

2 *

Ein Andrer mag es zügeln
Mit Händen minder schlaff,
Von diesen sieben Hügeln
Bis an des Nordens Haff!

Doch selbst im Seelenreiche
Harrt meiner noch die Schmach,
Es folgt der blassen Leiche
Begangner Frevel nach:
Vergebens mit Gebeten
Beschwör' ich diesen Bann,
Und mir entgegen treten
Crescentius und Johann!

Doch nein! Die Stolzen beugte
Mein reuemüthig Flehn;
Ihn, welcher mich erzeugte,
Ihn werd' ich wiedersehn!
Nach welchem ich als Knabe
So oft vergebens frug:
An seinem frühen Grabe ²
Hab' ich geweint genug.

Des deutschen Volks Berather
Umwandeln Gottes Thron:
Mir winkt der Aeltervater
Mit seinem großen Sohn.
Und während, voll von Milde,
Die frommen Hände legt
Mir auf das Haupt Mathilde,
Steht Heinrich tiefbewegt.

Nun fühl ich erst, wie eitel
Des Glücks Geschenke sind,
Wiewol ich auf dem Scheitel
Schon Kronen trug als Kind!
Was je mir schien gewichtig,
Zerstiebt wie ein Atom:
O Welt, du bist so nichtig,
Du bist so klein, o Rom!

O Rom, wo meine Blüten
Verwelkt wie dürres Laub,
Dir ziemt es nicht zu hüten
Den kaiserlichen Staub!
Die mir die Treue brachen,
Zerbrächen mein Gebein:
Beim großen Karl in Achen
Will ich bestattet sein.

Die ächten Palmen wehen
Nur dort um sein Panier:
Ihn hab ich liegen sehen
In seiner Kaiserzier.
Was durfte mich verführen,
Zu öffnen seinen Sarg?
Den Lorbeer anzurühren,
Der seine Schläfe barg?

O Freunde, laßt das Klagen,
Mir aber gebt Entsatz,
Und macht dem Leichenwagen
Mit euren Waffen Platz!
Bedeckt das Grab mit Rosen,
Das ich so früh gewann,
Und legt den thatenlosen
Zum thatenreichsten Mann!

Romanzen und Jugendlieder.

Noch ungewiß, ob mich der Gott beseele,
Zu seinem Priester ob er mich geweiht,
Malt ich die klaren Bilder meiner Seele
In glücklicher Verborgenheit.

--- ---

I.

An eine Geisblattranke.

Zwischen Fichtenwäldern in der Oede
Find' ich, theure Blüte, dich so spat?
Rauhe Lüfte hauchen schnöde,
Da sich eilig schon der Winter naht.

Dicht auf Bergen lagen Nebelstreifen,
Hinter denen längst die Sonne schlief,
Als noch über's Feld zu schweifen
Mich ein inniges Verlangen rief.

Da verrieth dich dein Geruch dem Wandrer,
Deine Weiße, die dich blendend schmückt:
Wohl mir, daß vor mir kein Andrer
Dich gesehn und dich mir weggepflückt!

Wolltest du mit deinem Dufte warten,
Bis ich käm' an diesen stillen Ort?
Blühtest ohne Beet und Garten
Hier im Wald bis in den Winter fort?

Werth ist wol die spat gefundne Blume,
Daß ein Jüngling in sein Lied sie mischt,
Sie vergleichend einem Ruhme,
Der noch wächst, da schon so viel erlischt.

--- ---

II.
Der letzte Gast.

Der Alte.

Was machst du hier? Der Wind durchsaust
Die menschenleeren Gassen,
Nicht hier, wo Sturm und Regen braust,
Will ich zurück dich lassen.

Komm mit herein ins heitre Haus,
Siehst du die Lichter glänzen?
Dort leert sich mancher Becher aus
Bei frohen Hochzeittänzen.

Man sieht die Freude lustiglaut
Auf allen Zügen weilen,
Nur scheint die schöne junge Braut
Allein sie nicht zu theilen.

Ich führe dich, so komm' herein,
Nur keck und unbeklommen!
Mein froher Herr ladt Jeden ein,
Und Jeder ist willkommen!

Der Jüngling.

Dank, Alter; aber laßt mich hier
Gelehnt an diese Säule:
Mehr als Musik dort lob' ich mir
Dies rauhe Sturmgeheule.

Nicht weil' ich, wo beim Kerzenschein
Der Becher kreist am Tische,
Daß nicht sich in den süßen Wein
Die bittre Zähre mische!

Nie wird die Freude lustiglaut
Mir aus den Augen blitzen;
Denn ach, die schöne junge Braut,
Ich kann sie nicht besitzen!

Sagt eurem Herrn, der fröhlich praßt,
Daß er den Reigen meide;
Denn unten warte noch ein Gast,
Den Degen aus der Scheide!

III.

Mädchens Nachruf.

Schwalben ziehen, Blätter fallen,
Und gesammelt liegt die Frucht:
Ach, mit meinen Freuden allen
Nahm auch er die rasche Flucht!

Unter niederm Hüttendache
Wohn' ich, jener im Palast,
Doch aus fürstlichem Gemache
Trieb ihn Muth und Kampfeshaft.

Als des Frühroths erstes Tagen
Mich vom Traume heut erweckt,
War mit Dienern, Rossen, Wagen
Dieser ganze Raum bedeckt.

Und er kam im Jugendflore,
Hob sich auf sein Pferd im Nu,
Bebend stand ich unterm Thore,
Sah dem schönen Reiter zu.

Und im leichten Morgenkleide
Trat zu ihm die Braut hervor,
Diesmal ohne Gold und Seide,
Doch wie er im Jugendflor.

Von der Trennung nicht erschrocken,
Küßt' er noch ihr Stirn und Mund,
Bei den Lippen, bei den Locken
Schwur er den beglückten Bund.

Ritt mit Dienern und Vasallen,
Dankte meinem Gruße kaum:
Schwalben ziehen, Blätter fallen,
So zerfließt der Liebe Traum!

IV.

Fischerknabe.

Des Abendsterns ersehnter Schein
Beglänzt den Saum der Flut,
Der Knabe zieht den Kahn herein,
Der still im Hafen ruht.

Mein Tagewerk ist treu vollbracht,
Doch, liebe Seele, sprich,
O sprich, wie soll die lange Nacht
Vergehn mir ohne dich?

Am Ufer steht ein Weidenbaum,
Und dran gelehnt ein Stein,
Und drunter liegt im schmalen Raum
Ihr kaltes Todtenbein.

V.

So hast du reiflich dir's erwogen,
Und dieses ist das letzte Wort?
Dich lockt ein ferner Himmelsbogen,
Es treibt dich in die Fremde fort?

Doch wird geliebt, wer liebt und bleibet,
Wer flieht, verkannt; und glaube mir,
Wenn dich die Sehnsucht fürder treibet,
So bleibt die Liebe hinter dir!

Und mag umwuchern dich das schöne
Hesperien voll milder Au'n,
Wo findest du die deutschen Töne?
Wo findest du die deutschen Frau'n?

VI.

Matrosenlied.

Wann wird der goldne Freudentag erscheinen,
Den das Geschick mir aufbewahrt,
Der Tag des Wiedersehens bei den Meinen,
Nach allzulanger Fahrt?

O schöne Flur, wo unsre milden Kähne
Dereinst noch landen mögen unversehrt!
O Mädchen, das vielleicht mit einer Thräne
Den armen Flüchtling ehrt!

Denkst du der heil'gen Eide noch im Stillen,
Und hieltst du, Theure, das beschworne Wort?
Ach, trieb nicht feindlich damals, wider Willen
Ein bös Geschick mich fort?

Doch werden, glaub' mir, wir uns wiedersehen,
Und harrst du sehnsuchtsvoll am Strande mein,
So können's, Theure, siehst du Wimpel wehen,
Nur meine Wimpel sein!

VII.

Noch im wollustvollen Mai des Lebens,
Wo die Seele sonst Entschlüsse sprüht,
Fühl' ich in der Wärme meines Strebens,
Wie mein Lebenselement verglüht.

Nicht ein Windstoß, ein belebend warmer,
Meine Haare kräuselnd, weht mich an;
Leer und träge schifft ein Thatenarmer
Uebern stillen Vater Ocean.

Was ich soll? Wer löst mir je die Frage?
Was ich kann? Wer gönnt mir den Versuch?
Was ich muß? Vermag ich's ohne Klage?
So viel Arbeit um ein Leichentuch?

Kommt und lispelt Muth ins Herz mir, zarte
Liederstimmen, die ihr lange schlieft,
Daß ich, wie ein Träumer, nicht entarte,
In verlorne Neigungen vertieft.

VIII.

Mag der Wind im Segel beben
Steuernd nach dem Land der Pracht,
Wo der Freiheit stolzes Leben
Zwischen Palmen aufgewacht.

Der erhitzte Wahn der Jugend,
Der das Glück sich fern verheißt,
Weiche deiner strengern Tugend,
Weiche deinem größern Geist!

Soll der letzte Stern erbleichen
An des teutschen Himmels Rand,
O, so decken unsre Leichen
Das verlorne Vaterland!

IX.

Wann des Gottes letzter, milder
Schimmer sich vom See verlor,
Steigen mir Gedächtnißbilder
Aus der Welle Nacht empor:

Malen mir des Kahnes Schwanken
Den gefurchten Pfad entlang,
Als die Morgenlüfte tranken
Zauberischen Liederklang.

Malen mir, von Berges Kuppe
Schweifend, den ergötzten Sinn,
Und die ländlich schöne Gruppe
Um den Herd der Sennerin.

Malen mir die Felsgehege,
Wo die Alpenrose hangt,
Welche nicht durch Menschenpflege
In des Thales Gärten prangt.

Nächtlich fühl' ich jetzt ein Bangen,
Wann der See gehoben wallt,
Jene Tage sind vergangen,
Jene Stimmen sind verhallt.

Frostige Nebel steigen, welche
Berg und Kuppe trüb umziehn,
Und die rothen Alpenkelche
Werden mit dem Sommer fliehn.

Bald, verjagt von Sturm und Flocken,
Zieht die Hirtin froh ins Thal,
Und es tönt der Hall der Glocken,
Von der Höh' zum letzten Mal.

X.

Willst du lauen Aether trinken
Auf dem hohen Götterpferde?
Wie Bellerophon zur Erde
Bebst du nicht zurück zu sinken?

Daß sich nicht dein Herz verblute,
Wisse deinem Trieb zu steuern;
Sei wie Flaccus auf dem theuern,
Einzigen Sabinergute!

Bist du nicht gewohnt vor Allen,
Als der Einsamkeit Geweihter,
Ohne Fußpfad und Begleiter
Durch den stillen Forst zu wallen?

Dir genüge, wenn die Föhren
Die den Schutz der Wolken suchen,
Wenn die dickbelaubten Buchen
Deine sanften Lieder hören!

Wiesenblumen pflück' und schweige,
Pflück' und blicke nicht nach oben,
Denn für dich sind nicht gewoben
Jene dunkeln Lorbeerzweige!

XI.

Auf Gewässer, welche ruhen,
Weil gebändiget vom Eise,
Zieht die Jugend leichte Kreise,
Wandelnd auf den Flügelschuhen.

Doch ich wandle, Freund, alleine,
Freund, allein und nicht zum Ziele:
Der Gestalten sind so viele,
Leider aber nicht die deine.

Hefte den Kothurn der Wogen
An die leichten Hermesfüße,
Daß begegnend bald dich grüße,
Dem du dich so lang entzogen!

Welch ein Glück dahin zu schwinden
Auf der Fläche, klar und eben,
Magisch sich vorüberschweben,
Fliehn sich und sich wiederfinden!

Aber ist es nicht vergebens?
Weißt du nicht, was kann es frommen?
Dies unstäte Gehn und Kommen
Ist das wahre Bild des Lebens.

XII.

Werden je sich feinde Töne
Fügen im verbundnen Klange?
Ich mit meinem düstern Drange,
Du in deiner Jugendschöne?
Heiter schlürfst du leichte Stunden,
Dem es nie vergebens tagte:
Ich ersehne das Versagte,
Und beweine, was verschwunden.

Du, zu deines Mädchens Laren
Kommst du nächtlich oft gegangen,
Schmiegst dich an die zarten Wangen,
Wühlst in ihren seidnen Haaren:
Während ich, der im Gemüthe
Auf den Wink der Gunst verzichtet,
Bücher vor mir aufgeschichtet,
Ueberm Rauch der Lampe brüte.

Freund, es war ein eitles Wähnen,
Daß sich unsre Geister fänden,
Unsre Blicke sich verständen,
Sich vermischten unsre Thränen:
Laß mich denn allein, versäume
Nicht um mich die goldnen Tage,
Kehre wieder zum Gelage,
Und vergiß den Mann der Träume!

XIII.

König Odo.

Aus dem Kloster hallen Glocken,
Tausend Lichter funkeln helle,
Die den Zug der Beter locken
Nach der hohen Kirchenschwelle.

König Odo kommt gefahren,
Hört vom alten Thurm Geläute,
Und er fragt die frommen Schaaren:
Aber welch ein Fest ist heute?

Sie erwidern drauf und sagen:
Eine Jungfrau nimmt den Schleier.
König Odo springt vom Wagen,
Tritt hinein und schaut die Feier.

Um den heiligen Brauch zu wehren,
Ruft er aus am Hochaltare:
Keine Scheere soll versehren
Diese langen, blonden Haare!

Ueber diese feuchten Blicke
Möge nie ein Schleier fallen,
Und kein härnes Kleid erstticke
Dieser Brust gelindes Wallen.

Reißend vom Altar die Reine,
Trat er nun hervor und tobte:
Christus werde nie der Deine,
König Odo's Anverlobte!

Frevelvoll und voll von Wonne,
Selig im erbotnen Tausche,
Neigt sich die bethörte Nonne
Seinem schönen Liebesrausche.

Als die Nacht begann zu schauern
Um die Stunde der Gespenster,
Zitterten des Schlosses Mauern,
Und es flogen auf die Fenster.

Bebend sahn empor die Gatten,
Und ans goldne Lager Beider
Trat ein weißer Zug von Schatten,
Angethan in Nonnenkleider.

Alle hielten rothe Kerzen,
Welche blau und düster flammten,
Und die junge Braut vom Herzen
Rissen sie dem Gottverdammten.

Hilfe ruft er, greift verwegen
Zur geschliffnen Wehr im Grimme;
Aber ihm versagt der Degen,
Aber ihm versagt die Stimme.

Und das Mädchen ziehn am Haare
Jene fort, das arme, bleiche,
Legen dann auf eine Bahre
Die lebend'ge, schöne Leiche.

Und der König folgte bange,
Seiner Sinne halb nur mächtig:
In der Kirche Säulengange
Hielt der lange Zug bedächtig.

An des Altars hoher Schwelle
Thut ein Grab sich auf mit Grauen,
Ausgehöhlt, gespenstig schnelle,
Von den weißvermummten Frauen.

Mit Gewalt sein Weib zu holen,
Rafft sich auf im Wahn der Gatte;
Aber unter seinen Sohlen
Dreht sich jede Marmorplatte.

Und er sieht die schönen Glieder
Eingesargt in einem Schreine,
Will hinzu, doch immer wieder
Schwanken unter ihm die Steine.

Und der Schaufeln Ton verstummet,
Stille wird's im Gotteshause,
Nur die Glocke, wenn sie brummet,
Unterbricht die tiefe Pause.

Und das Dunkel weicht, die Sonne
Hebt am Horizont sich steiler,
Man entdeckt das Grab der Nonne,
Und den König todt am Pfeiler.

XIV.

Laß tief in dir mich lesen,
Verhehl' auch dies mir nicht,
Was für ein Zauberwesen
Aus deiner Stimme spricht?

So viele Worte dringen
Ans Ohr uns ohne Plan,
Und während sie verklingen,
Ist Alles abgethan.

Doch drängt auch nur von ferne
Dein Ton zu mir sich her,
Behorch' ich ihn so gerne,
Vergeß' ich ihn so schwer!

Ich bebe dann, entglimme
Von allzurascher Glut:
Mein Herz und deine Stimme
Verstehn sich gar zu gut!

XV.

Warnung.

Scheint dir der Pfad, auf dem du gehst, so sicher,
Und willst du noch einmal, o Jugendlicher,
Uneingedenk verschuldeter Gefahren,
Die Züge sehn, die dir so tödtlich waren?

Darfst du so fest auf deine Seele bauen,
Und wähnst du mit Besonnenheit zu schauen
Der schwarzen Augen, die dir Sterne däuchten,
Bedeutungsvolles, dunkeltiefes Leuchten?

Nein! Laß die Wunde lieber sich vernarben,
Entschließe dich zu meiden und zu darben,
Und vor dir selbst sogar, o Herz, verhülle
Den ganzen Reichthum deiner Liebesfülle!

XVI.

Ich schleich' umher
Betrübt und stumm!
Du fragst, o frage
Mich nicht, warum?
Das Herz erschüttert
So manche Pein,
Und könnt ich je
Zu düster sein?

Der Baum verdorrt,
Der Duft vergeht,
Die Blätter liegen
So gelb im Beet,
Es stürmt ein Schauer
Mit Macht herein,
Und könnt ich je
Zu düster sein?

XVII.

Erforsche mein Geheimniß nie,
Du darfst es nicht ergründen,
Es sagte dir's die Sympathie,
Wenn wir uns ganz verstünden.

Nicht jeder irb'sche Geist erkennt
Sein eignes Loos hienieden:
Nicht weiter frage, was uns trennt,
Genug, wir sind geschieden!

Es spornt mich ja nicht eitle Kraft,
Mich am Geschick zu proben:
Wir alle geben Rechenschaft
Für unsern Ruf von oben.

Was um mich ist, erräth mich nicht,
Und drängt und drückt mich nieder;
Doch, such' ich Trost mir im Gedicht,
Dann find' ich ganz mich wieder!

XVIII.

Wehe, so willst du mich wieder,
Hemmende Fessel, umfangen?
Auf, und hinaus in die Luft!
Ströme der Seele Verlangen,
Ström' es in brausende Lieder,
Saugend ätherischen Duft!

Strebe dem Wind nur entgegen,
Daß er die Wange dir kühle,
Grüße den Himmel mit Lust!
Werden sich bange Gefühle
Im Unermeßlichen regen?
Athme den Feind aus der Brust!

XIX.

Schneiderburg.

Ein Schneider flink mit der Ziege sein
Behauste den Krempenstein,
Saß oft von der felsigen Schwelle
Hinab zu der Donauwelle,
In reißende Wirbel hinein.

So saß er oft und so sang er dabei:
Wie leb' ich sorgenfrei!
Meine Ziege, die nährt und letzt mich,
Manch Liedchen klingt und ergötzt mich,
Fährt unten ein Schiffer vorbei!

Doch ach, die Ziege, sie starb, und ihr
Rief nach er: Wehe mir!
So wirst du mich nicht mehr laben,
So muß ich dich hier begraben,
Im Bette der Donau hier?

Doch als er sie schleudern will hinein,
Verwickelt, o Todespein!
Ihr Horn sich ihm in die Kleider:
Nun liegen Zieg' und Schneider
Tief unter dem Krempenstein!

XX.

Ein Hochzeitbitter zog der Lenz
Den Wald entlang und See,
Zog hin mit Sang und Klange,
Mir aber ward so bange,
Als läge noch der Schnee.

Und Gäste lud zu sich der Lenz,
Mich aber lud er nicht,
Er sah mich, ach! gefangen,
Ich hing an jenen Wangen,
An jenem Angesicht.

Nun bin ich frei, nun kommt der Lenz,
Nun erst genieß' ich ganz,
Wenn ruh'ger auch und stiller,
Der Bäche grünen Schiller,
Der Rosen frischen Glanz.

XXI.

Wo sich gatten
Jene Schatten
Ueber Matten
Um den Quell,
Reich an losen
Hagerosen,
Kommt zu kosen,
Brüder, schnell!

Kaum gefunden,
Schon umwunden,
Schon verbunden,
Weiß ich wie?
Keiner höhne,
Musensöhne,
Diese schöne
Sympathie!

Jubelt, bringet
Dank und singet,
Welle klingt,
Rose blüht:
Das in Wonnen
Nie zerronnen,
Welch besonnen,
Kalt Gemüth!

Vögel neigen
Aus den Zweigen,
Heißen schweigen
Mich zuletzt:

Wer beschriebe
Lenzestriebe,
Wer die Liebe,
Wer das Jetzt?

XXII.

Winterseufzer.

Der Himmel ist so hell und blau,
O wäre die Erde grün!
Der Wind ist scharf, o wär' er lau!
Es schimmert der Schnee, o wär' es Thau!
O wäre die Erde grün!

XXIII.

Gesang der Todten.

Dich Wandersmann dort oben
Beneiden wir so sehr,
Du gehst von Luft umwoben,
Du hauchst im Aethermeer.

Wir sind zu Staub verwandelt
In dumpfer Grüfte Schooß:
O selig, wer noch wandelt,
Wie preisen wir sein Loos!

Vom Sonnenstrahl umschwärmet,
Ergehst du dich im Licht,
Doch was die Flächen wärmet,
Die Tiefe wärmt es nicht.

Dir flimmert gleich Gestirnen
Der Blumen bunter Glanz,
An unsern nackten Stirnen
Klebt ein verstäubter Kranz.

Wir horchen, ach! wir lauschen,
Wo nie ein Schall sich regt,
Dir klingt der Quell, es rauschen
Die Blätter sturmbewegt.

Vom Hügel aus die Lande
Vergnügt beschaust du dir,
Doch unter seinem Sande,
Du Guter, schlafen wir.

XXIV.

Der Seelenwanderer.

Scherzend rief ich solche Worte, da das Licht herabgebrannt
war:
Dich beklag' ich, armes Kerzchen, daß zum Nichts dein
Sein so bald ward!

Aber Antwort gab die Kerze, dieses hört' ich voll Ver-
wundrung:
Ueberhebe dich nicht also, denn auch ich war einst was
nun du!

Starb ich, modert' ich, doch wieder wuchs ich aus dem
Grab als Aglei,
Kam ein Bienchen, naschte fleißig, nutzte mich im Korb zur
Arbeit.

Ward ich Wachs, woraus man endlich diese Kerze nun für
dich goß:
Staub und Erde mußt du werden, ich verzehre mich im
Lichtstoff.

XXV.

An der Erde
Frei und fröhlich
Kroch die Raupe,
Freute kindisch,
Immer kriechend,
Sich umhüllter,
Junger Knospen.

Aber selbstisch
Eingekloftert
Spinnt die Puppe:
Der Entfaltung
Qualenkämpfe
Wühlen grausam
Durch das Innre.

Doch befreiend
Sieget Wärme:
Schwebe rastlos,
Aetherkostend,
Farbefunkelnd,
Du erlöster
Sommervogel!

XXVI.
Licht.

Licht, vom Himmel flammt es nieder,
Licht, empor zum Himmel flammt es;
Licht, es ist der große Mittler
Zwischen Gott und zwischen Menschen;
Als die Welt geboren wurde,
Ward das Licht vorangeboren,
Und so ward des Schöpfers Klarheit
Das Mysterium der Schöpfung;
Licht verschließt die heil'gen Pfeile
Weiter immer, lichter immer,
Ahriman sogar, der dunkle,
Wird zuletzt vergehn im Lichte.

XXVII.

Ihr Vögel in den Zweigen schwank,
Wie seid ihr froh und frisch und frank,
Und trillert Morgenchöre:
Ich fühle mich im Herzen krank,
Wenn ich's von unten höre.

Ein Stündchen schleich' ich blos heraus
In euer ästig Sommerhaus,
Und muß mich deß beklagen:
Ihr lebet stets in Saus und Braus,
Seht's nachten hier und tagen.

Ihr sucht der Bäume grünes Dach,
Der Wiese Schmelz am Kieselbach,
Ihr flieht vor Stadt und Mauer,
Und laßt die Menschen sagen ach!
In ihrem Vogelbauer.

XXVIII.
Aufschub der Trauer.

Wie dich die warme Luft umscherzt,
Das schatt'ge Grün, o wie dich's kühlt!
Wie leicht ist all das Weh verschmerzt,
Das in der Seele wühlt!

Des Liebchens Bildniß zeige sich
In jedem Quell, an dem du stehst,
Ein sanftes Lied beruh'ge dich,
Wenn durch den Wald du gehst.

Drum warte, bis der Winter naht,
Bis Alles starr und öde liegt,
Und Reif und Schnee auf Flur und Saat
Dich melancholisch wiegt!

XXIX.

Wie Einer, der im Traume liegt,
Versank ich still und laß,
Mir war's, als hätt' ich obgesiegt,
Bezwungen Lieb' und Haß.

Doch fühl' ich, daß zu jeder Frist
Das Herz sich quält und bangt,
Und daß es nur gebrochen ist,
Anstatt zur Ruh' gelangt.

Du haſt zerſtückt mit Unbedacht
Den Spiegel dir, o Thor!
Nun blickt der Schmerz verhundertfacht,
Vertauſendfacht hervor.

XXX.

Du ſcheuſt, mit mir allein zu ſein,
Du biſt ſo ſchroff:
Gibt nicht der Liebe Luſt und Pein
Zum Reden Stoff?

Wo nicht, was gilt der Lieb' ein Wo,
Ein Wie, ein Was?
Zu lieben und zu ſchweigen, o
Wie lieb' ich das!

Ich ſchweige, weil ſo kalt du ſcheinſt,
Und unerweicht,
Mein Auge ſpricht, es ſpricht bereinſt
Mein Kuß vielleicht.

XXXI.

Viſion.

Am Felſenvorgebirge ſchroff,
Das von des Meeres Wellen troff,
Die ſchäumend es umrangen,
Da ſtand ich, ein verlaßner Mann,
Und manche warme Thräne rann
Mir über bleiche Wangen.

Doch ringsumher war Scherz und Spiel,
Sie ſangen, ſchoſſen nach dem Ziel,
Und tanzten in die Runde:
Es ſchenkten manchen Becher Wein
Die Mädchen ihren Buhlen ein
In dieſer frohen Stunde.

Und als ich schaute rings umher,
Ward mir das Herz im Busen schwer;
Denn ach, mich kannte Keiner!
Mich fragte Keiner liebentglüht:
Was ist die Wange dir verblüht?
Was fehlt dir, stiller Weiner?

Der Abend nahte dunkelgrau,
Die Blumen füllten sich mit Thau,
Der Himmel mit Gestirnen;
Doch immer hüpften ihren Tanz
Im Abendroth, im Sternenglanz
Die Knaben und die Dirnen.

Und weil ich stand am jähen Rand,
Stieß mich hinab die Felsenwand
Der Menge bunt Gewimmel:
Da haschten mich die Wolken auf,
Und trugen mich hinauf, hinauf,
In ihren schönen Himmel.

XXXII.

Den Körper, den zu bilden
Natur hat aufgewendet all ihr Lieben,
Den ihre Hand mit milden
Begrenzungen umschrieben,
Den aus dem reinsten Golde sie getrieben:

O woll' ihn rein bewahren,
Und laß dich nicht zum eitlen Spiel verlocken,
Zum Spiele voll Gefahren,
Und weiche weg erschrocken,
Wenn eine Hand sich naht den goldnen Locken!

Wiewol dein ganzes Wesen
Aus leicht entzündbarn Stoffen scheint zu stammen,
Zur Liebe scheint erlesen,
Laß doch dich nicht entflammen,
Sonst schlägt die Glut dir überm Haupt zusammen!

XXXIII.

Irrender Ritter.

Ritter ritt ins Weite,
Durch Geheg und Au,
Plötzlich ihm zur Seite
Wandelt schöne Frau.

Keusch in Flor gehüllet
War sie, doch es hing
Flasche wol gefüllet
Ihr am Gürtelring.

Ritter sah es blinken,
Lüstern machte Wein,
Sagte: Laß mich trinken!
Doch sie sagte: Nein!

Grimmig schaute Ritter,
Der es nicht ertrug:
Frau verhöhnt er bitter,
Raubet schönen Krug.

Als er den geleeret,
Fühlt er sich so krank;
Ach, für Wein bescheeret
Ward ihm Liebestrank.

Nun durchschweift er Gründe,
Felder, Berge wild,
Klaget alte Sünde,
Suchet Frauenbild.

Stimme läßt er schallen,
Holt es nirgends ein:
Waldes Nachtigallen
Hören Ritters Pein.

XXXIV.

Wie rafft ich mich auf in der Nacht, in der Nacht,
Und fühlte mich fürder gezogen,
Die Gassen verließ ich, vom Wächter bewacht,
Durchwandelte sacht
In der Nacht, in der Nacht,
Das Thor mit dem gothischen Bogen.

Der Mühlbach rauschte durch felsigen Schacht,
Ich lehnte mich über die Brücke,
Tief unter mir nahm ich der Wogen in Acht,
Die wallten so sacht
In der Nacht, in der Nacht,
Doch wallte nicht eine zurücke.

Es drehte sich oben, unzählig entfacht,
Melodischer Wandel der Sterne,
Mit ihnen der Mond in beruhigter Pracht,
Sie funkelten sacht
In der Nacht, in der Nacht,
Durch täuschend entlegene Ferne.

Ich blickte hinauf in der Nacht, in der Nacht,
Ich blickte hinunter aufs Neue:
O wehe, wie hast du die Tage verbracht,
Nun stille du sacht
In der Nacht, in der Nacht,
Im pochenden Herzen die Reue!

XXXV.

Sollen namenlos uns länger
Tag' um Tage so verstreichen?
Kommt, verliebte Müßiggänger,
Trinker, kommt, die Stunden schleichen:
Sammelt rings euch um den Sänger,
Daß er sei bei seines Gleichen!

Was Vernünft'ge hoch verehren,
Taugte jedem, der's verstünde;
Doch zu schwer sind ihre Lehren,
Zu verborgen ihre Gründe;
Sie, die von der Tugend zehren,
Ließen übrig uns die Sünde.

Was wir fühlen, was wir denken,
Halten drum wir im Geheimen,
Denn wer möcht' ein Korn versenken,
Wenn's noch nicht vermag zu keimen?
Laßt indeß uns in den Schenken
Liebliche Gedichte reimen!

XXXVI.

Gern gehorcht des Herzens Trieben
Wer ein heitres Leben lebet:
Manches ist ihm ausgeblieben,
Doch er hoffet, doch er strebet,
Doch er hört nicht auf zu lieben!

Denn kein Schiffer soll verzagen,
Hat ihn auch die Flut betrogen:
Was er will, das muß er wagen,
Und er gönnt sein Schiff den Wogen,
Und er weiß, sie werden tragen.

Was am höchsten oft erhoben,
Lockt am kühnsten die Verwegnen,
Die sich das Versagte loben,
Und sie müssen ihm begegnen,
Und sie müssen es erproben!

Wenn ihr suchet ohne Wanken,
Was das Leben kann erfrischen,
Bleiben jung euch die Gedanken;
Weil sie ewig jung nur zwischen
Hoffen und Erfüllen schwanken.

Mögt ihr diesen Sinn bewahren,
Die ihr stille Wünsche traget,
Trotz Beschwerden, trotz Gefahren:
Wenn das Leben was verfaget,
Müßt ihr's früh genug erfahren!

Was uns Der und Jener zeiget,
Laßt uns dem das Ohr verstopfen,
Bis das Herz im Busen schweiget;
Denn beginnt das Herz zu klopfen,
Weiß es wol, wohin sich's neiget!

XXXVII.

Ich möchte gern mich frei bewahren,
Verbergen vor der ganzen Welt,
Auf stillen Flüssen möcht ich fahren,
Bedeckt vom schatt'gen Wolkenzelt.

Von Sommervögeln übergaukelt,
Der irb'schen Schwere mich entziehn,
Vom reinen Element geschaukelt,
Die schuldbefleckten Menschen fliehn.

Nur selten an das Ufer streifen,
Doch nie entsteigen meinem Kahn,
Nach einer Rosenknospe greifen,
Und wieder ziehn die feuchte Bahn.

Von ferne sehn, wie Heerden weiden,
Wie Blumen wachsen immer neu,
Wie Winzerinnen Trauben schneiden,
Wie Schnitter mähn das duft'ge Heu.

Und nichts genießen, als die Helle
Des Lichts, das ewig lauter bleibt,
Und einen Trunk der frischen Welle,
Der nie das Blut geschwinder treibt.

Antwort.

Was soll dies kindische Verzagen,
Dies eitle Wünschen ohne Halt?
Da du der Welt nicht kannst entsagen,
Erobre dir sie mit Gewalt!

Und könntest du dich auch entfernen,
Es triebe Sehnsucht dich zurück;
Denn ach, die Menschen lieben lernen,
Es ist das einz'ge wahre Glück!

Unwiderruflich dorrt die Blüte,
Unwiderruflich wächst das Kind,
Abgründe liegen im Gemüthe,
Die tiefer als die Hölle sind.

Du siehst sie, doch du fliehst vorüber,
Im glücklichen, im ernsten Lauf,
Dem frohen Tage folgt ein trüber,
Doch Alles wiegt zuletzt sich auf.

Und wie der Mond, im leichten Schweben,
Bald rein und bald in Wolken steht,
So schwinde wechselnd dir das Leben,
Bis es in Wellen untergeht.

XXXVIII.

Du denkst, die Freude fest zu halten,
Du bist nur um so mehr geplagt:
O laß die Tage mit dir schalten
Und thun, was ihnen wohlbehagt!
Soll dir das Leben stets gefallen,
Das nie auf Dauer sich verstand,
So laß das Schönste wieder fallen,
Und schließe nicht zu fest die Hand!

Vermöcht' ich doch gelind zu träufen
In deine Brust, wenn Schmerz und Wuth
Sie oft vergeblich überhäufen,
Nur wen'ge Tropfen leichtes Blut!

O suche ruhig zu verschlafen
In jeder Nacht des Tages Pein;
Denn wer vermöchte Gott zu strafen,
Der uns verdammte, Mensch zu sein!

XXXIX.

Tristan.

Wer die Schönheit angeschaut mit Augen,
Ist dem Tode schon anheimgegeben,
Wird für keinen Dienst der Erde taugen,
Und doch wird er vor dem Tode beben,
Wer die Schönheit angeschaut mit Augen!

Ewig währt für ihn der Schmerz der Liebe,
Denn ein Thor nur kann auf Erden hoffen,
Zu genügen einem solchen Triebe:
Wen der Pfeil des Schönen je getroffen,
Ewig währt für ihn der Schmerz der Liebe.

Ach, er möchte wie ein Quell versiechen,
Jedem Hauch der Luft ein Gift entsaugen,
Und den Tod aus jeder Blume riechen:
Wer die Schönheit angeschaut mit Augen,
Ach, er möchte wie ein Quell versiechen!

XL.

Was ruhst du hier am Blütensaum
Der sommerlichen Sprudelquelle,
Und siehst entstehn und siehst vergehn den Schaum?
So ruhn wir Menschen auf des Lebens Schwelle,
Und was wir hoffen, was wir suchen stets,
Ein leichter Hauch gebiert's, ein leichter Hauch verweht's.

Es übt sich mehr und mehr das Herz,
Und stählt sich, daß von Tag zu Tage
Mit größerm Muth es immer neuen Schmerz,
Und immer neuen Kummer trage:
Erringen quält, Errungnem droht Verlust,
Und ew'ge Sehnsucht hebt die bange Jünglingsbrust.

Drum preis' ich den, der nicht begehrt!
. Was wäre hier im leichten Staube
Des Suchens oder Findens werth?
Nach höh'rem Ziel verweist der höh're Glaube;
Hier ist es nicht, wo jedes Ding verletzt,
Jenseits des Lebens ward dein Ziel hinausgesetzt!

Im Geiste strebe zu entfliehn
Den Schranken dieser Menscheninnung,
Und laß am Busen dir vorüberziehn
Die Stimmungen der wechselnden Gesinnung;
Dann trübt der Klarheit innern Spiegel nie,
Durch Lieb' und Sorg' und Haß, die rege Phantasie.

Laß Andre denn mit irb'schem Blick
Nach ihren bunten Zwecken haschen,
Sobald Geschick sie oder Mißgeschick
Im steten Wandel spielend überraschen:
Geschäftig sind sie, doch ihr Thun ist leer,
Und schnellzerstörend folgt das Schicksal hinterher.

XLI.

O schöne Zeit, in der der Mensch die Menschen lieben kann!
Auf meinem Herzen liegt ein Fluch, auf meinem Geist ein
Bann.

Erst litt ich manche heiße Qual, nun find' ich Lieb' und Glück;
Doch solch ein schönes Hochgefühl, ich geb' es nicht zurück!

Voll Ruhe, doch wie freudenlos durchschweif' ich West
und Ost:
Auf namenlose Gluten folgt ein namenloser Frost.

Und drückt ein Mensch mir liebevoll und leise nur die Hand,
Empfind' ich gleich geheimen Schmerz und tiefen Widerstand.

Was stellt sich mir mit solchem Glanz dein holdes Wesen dar,
Als wär' ich noch so warm, so voll, wie meine Jugend war.

XLII.

Wie stürzte sonst mich in so viel Gefahr
Ein krausgelocktes Haar,
Und eines Feuerauges dunkler Blitz,
Und ach, zum Lächeln stets bereit,
Der Rede holder Sitz,
Ein süßer Mund voll schöner Sinnlichkeit!
Da wähnt' ich noch, als wäre der Besitz
Das einz'ge Gut auf diesem Lebensgang,
Und nach ihm rang
Mein junger Sinn und mein bethörter Witz.

Da sah ich bald im Wandel der Gestalt
Vor mir die Jugend alt,
Und jede schöngeschwungne Form verschwand;
Und ach, wonach ich griff in Hast,
Entfloh dem Unverstand,
Und nie Besess'nes wurde mir zur Last:
Bis ich zuletzt, nicht ohne Schmerz, empfand,
Daß alles Schöne, was der Welt gehört,
Sich selbst zerstört,
Und nicht erträgt die rohe Menschenhand.

So ward ich ruhiger und kalt zuletzt,
Und gerne möcht' ich jetzt
Die Welt, wie außer ihr, von ferne schaun:
Erlitten hat das bange Herz
Begier und Furcht und Graun,
Erlitten hat es seinen Theil von Schmerz,
Und in das Leben setzt es kein Vertraun;
Ihm werde die gewaltige Natur
Zum Mittel nur,
Aus eigner Kraft sich eine Welt zu baun.

Gelegenheitsgedichte.

Kloster Königsfelden.

1816.

In der Capelle Wölbung trat ich ein,
Veröbet feiernd nun in Ketzers Land;
Kein Priester opfert mehr hier Brod und Wein,
Kein weißer Knabe geht ihm fromm zur Hand.

Schlicht ist die Wand und ohne Schmuck und Gold,
Doch stellt in Bildern sie den tapfern Chor,
Den gegen Sempach führte Leopold,
Und der des Heldentods sich freute, vor.

Bei Jedem seht ihr Wappen, Nam' und Schild,
Und knieend flehn sie hier um Gottes Huld;
In ihrer Mitte hängt des Führers Bild:
Du stolzes Herz, du hast gebüßt die Schuld!

Du hast erfahren, was ein Volk vermag,
Das für den eignen Herd die Fahne trägt:
So sterbe Jeder bis auf diesen Tag,
Wer einen freien Mann in Ketten schlägt!

Und hier, wo sonst sich ein Altar erhub,
Erlag ein andrer mächtiger Thrann:
Im falschen Busen seines Ohms begrub
Den vatermörderischen Dolch Johann.

Im Tode brach hier Alberts harter Sinn,
Der seinem Volk Freiheit verhielt und Recht;
Allein der Ungarn stolze Königin
Verdarb die Mörder und ihr ganz Geschlecht.

Selbst Greis und Säugling unterlag der Wuth;
Es schwur die Königin, als wär's in Thau,
Zu baden sich in ihrer Feinde Blut:
Hebt sich so wild der Busen einer Frau?

4*

Dies Kloster bauend, wo der Vater starb,
Belud Altäre sie mit fremdem Raub,
Wo im Gebet sie um den Himmel warb;
Doch solchen Thaten ist der Himmel taub!

Christnacht.

1819.

Der Engel der Verkündigung.

Seraphim'sche Heere,
Schwingt das Goldgefieder
Gott dem Herrn zur Ehre!
Schwebt vom Himmelsthrone
Durch's Gewölk hernieder,
Süße Wiegenlieder
Singt dem Menschensohne!

Ein Hirte.

Was seh' ich? Umgaukelt mich Schwindel und Traum?
Ein leuchtender Saum
Durchwebt den azurenen, ewigen Raum,
Es schreitet die Sterne des Himmels entlang,
Mit leisem Gesang,
Der seligen Schaaren musikischer Gang.

Chor der Hirten.

Die Engel schweben singend
Und spielend durch die Lüfte,
Und spenden süße Düfte,
Die Lilienstäbe schwingend.

Chor der Seraphim.

Wolauf, ihr Hirtenknaben,
Es gilt dem Herrn zu dienen,
Es ist ein Stern erschienen,
Ob aller Welt erhaben.

Chor der Hirten.

Wie aus des Himmels Thoren
Sie tief herab sich neigen!

Chor der Seraphim.

Laßt Eigentriebe schweigen,
Die Liebe ward geboren!

Der Engel der Verkündigung.

Fromme Glut entfache
Jedes Herz gelind,
Eilt nach jenem Dache!
Betet an das Kind!

Jener heißerflehte
Hort der Menschen lebt,
Der euch im Gebete
Lange vorgeschwebt.

Traun! die Macht des Bösen
Sinkt nun fort und fort,
Jener wird erlösen
Durch das eine Wort.

Chor der Hirten.

Preis dem Geborenen
Bringen wir dar,
Preis der erkorenen
Gläubigen Schaar!

Engel mit Lilien
Stehn im Azur,
Fromme Vigilien
Singt die Natur:

Der den kryftallenen
Himmel vergaß,
Bringt zu Gefallenen
Ewiges Maß!

Der Engel der Verkündigung.

Schon les' ich in den Weiten
Des künft'gen Tages bang,
Ich höre Völker schreiten,
Sie athmen Untergang.

Es naht der milden Erde
Ein frischer Morgen sich,
Auf dieses Kindes „Werde"
Erblüht sie jugendlich.

Chor der Seraphim.

Vergeßt der Schmerzen jeden,
Vergeßt den tiefen Fall,
Und lebt mit uns in Eden,
Und lebt mit uns im All!

Osterlied.
1820.

Die Engel spielen noch ums Grab,
Doch Er ist auferstanden!
O trüg' ich meinen Pilgerstab
Nach jenen Morgenlanden,
Zur Felsenkluft
Mit hohler Gruft,
Denn Er ist auferstanden!

Wer nur sein eigner Götze war,
Geht unter in dem Staube,
Mit jener lichten Engelschaar
Verschwistert nur der Glaube:
Wer liebend strebt
So lang er lebt,
Der hebt sich aus dem Staube!

So laß uns, wie du selbst, o Sohn,
Rückkehren aus der Hölle!
O daß schon jetzt Posaunenton
Von Pol zu Pol erschölle!
Dein Stachel sticht,
O Tod, uns nicht,
Du siegst nicht ob, o Hölle!

Die Antiken.

1820.

Laßt uns ledig, und öffnet sogleich Rüstkammer und Wand-
schrank!
Nicht am dumpfigen Ort in Gewölben zu wohnen ge-
ziemt uns:
Denkt doch, was wir und wo wir gewesen, und schenket
uns Mitleid!
Dies uralte Gefäß war einst der ägyptischen Gärten
Zier, und Cleopatra selbst ließ füllen mit Myrtengezweig es;
Dieser geschnittene Stein, ein doppeltgeschichteter Onyr,
Zierte des jungen Antinous Hand; als köstlichen Ring-
schmuck
Trug ihn der schöne, doch ach! zu frühe vergötterte Jüngling;
Ich, als Hermes, stand in der Halle des Cäsar Augustus,
Wo mich ein Lorbeergewächs mit südlichem Duft anhauchte.
Und nun habt ihr uns hier aneinandergehäuft und geordnet,
Eines das andre verdrängend, und dies durch jenes ver-
dunkelt,
Keins am schicklichen Ort, in belebendem Schimmer der
Sonne.
Selbst das gelehrte Gesicht des begaffenden Kenners er-
müdend,
Liegen geschichtet wir hier, gleich traurigen Knochen im
Beinhaus,
Und in empfänglicher Brust aufregen wir schmerzliche Sehn-
sucht
Nach den Tagen, in denen wir fast wie Lebendige prangten.
Zieht nicht Rosen auch ihr, frischblühende Flechte zu winden.
Um den etrurischen Krug und die Scheitel der Büste von
Marmor?
Habt nicht Tempel auch ihr, nicht schattige Gartenarkaden,
Daß ihr uns dorthin pflanzt in die Nähe des ewigen
Himmels,
Jedem Beschauer zur Lust, uns selbst zur süßen Gewohnheit?

Legende.
1822.

Ein hoher Tempel ward erbaut
Der benedeiten Himmelsbraut,
Die aller Welt zu Heil und Lohn
Geboren den erlauchten Sohn.
Sie mauerten so manches Jahr,
Bis Dach und Decke fertig war;
Ein Maler kam sodann herbei,
Zu bilden eine Schilderei:
Auf mächtigem Gerüst er stand,
Den frommen Pinsel in der Hand,
Lebendig schaffend und genau
Das Angesicht der lieben Frau.
Doch als er fast am Ende war,
Bringt ihm ein falscher Tritt Gefahr,
Und vom Gerüste stürzt er jach,
Das unter ihm zusammenbrach.
Da ruft er an aus banger Brust
Das Bild, das er vollendet just:
Dir wandt' ich all mein Leben zu,
O Himmlische, nun rette du!
Und sieh! Es faßt es kein Verstand,
Die Heil'ge streckt herab die Hand,
Und hielt so lang ihn wunderbar,
Bis Menschenhilf' erschienen war.

Prolog an Goethe.
Zu einer Uebersetzung Hafisischer Gedichte.
1822.

Erhabner Greis, der du des Hafis Tönen
Zuerst geneigt, sie grüßend aufgenommen,
Du magst dich noch einmal an sie gewöhnen,
Du siehst ihn wieder dir entgegen kommen,
Mit frohem Klang der Zeiten Drang verschönen,
Vielleicht von innerlichem Schmerz beklommen;
Viel muß ein solcher Geist von solchen Gaben,
Wenn er um Leichtsinn buhlt, gelitten haben.

Im Kampfe muß er sich entgegen wagen
Der eignen Liebe, wie dem eignen Hasse;
Denn einem Solchen Liebe zu versagen,
Ist eine Wolluſt für die ſtumpfe Maſſe,
Und Dies und Jenes wird herbeigetragen,
Daß man ihn ſtets bei ſeiner Schwäche faſſe,
Und fehlen ihm, ſo leiht man ihm Gebrechen,
Ihm, der zu groß iſt, um zu widerſprechen.

Das mochte Hafis wol im Geiſt bedenken,
Und ließ getroſt des Lebens Stürme rollen:
Wenn in Befriedigung wir uns verſenken,
Entgehn wir eigner Qual und fremdem Grollen:
Beim Wein im Becher, bei dem Kuß des Schenken,
Bei Liedern, die melodiſch ihm entquollen,
Empfand er ſtets im Herzen ſich geſünder,
Wiewol ſie ſchrien: Es iſt ein großer Sünder!

Er ſchuf indeß durch Bilder oder Sprüche
Ein Netz, worin die Herzen man erbeutet,
Ein Gartenbeet erquickender Gerüche,
Dem jede falſche Neſſel ausgereutet,
Und einen Himmel ohne Wolkenbrüche,
Wo jeder Stern auf eine Blume deutet:
Und ſo verglicheſt du dir ihn beſcheiden,
In That und Sinn, im Streben und im Leiden.

Was haſt du nicht erlitten und erfahren!
Wie theuer mußteſt du den Ruhm erkaufen!
Verkannt von ferne hauſenden Barbaren,
Vom Schwarm der Gecken läſtig überlaufen,
Die Uebelwollenden zu ganzen Schaaren,
Die Mißverſtehenden zu ganzen Haufen,
Und wenn ich Alles insgeſammt erwähne,
Der Krittler freche, wenn auch ſtumpfe Zähne.

Und wie du ſonſt in jugendlichen Tagen
Sie reich beſchüttet haſt mit Blütenflocken,
Und ſie, zu feig, die ſchöne Laſt zu tragen,
Sich zeigten neidiſch halb und halb erſchrocken:

So sehn wir jetzt sie noch hervor sich wagen,
Um Schmach zu bieten deinen Silberlocken;
Doch dies Geschlecht vermag dich nicht zu hemmen,
Es muß die Welt sich dir entgegenstemmen.

Da schwoll's um dich in ungeheuren Wogen,
Da schien der Boden unter dir zu wanken,
Die ganze Masse ward mit fortgezogen,
Und Jeder trat aus seinen eignen Schranken:
Du bliebst allein der engen Pflicht gewogen,
Getreu dem lebenschaffenden Gedanken,
Indeß die Zeit, in ungebundner Meinung,
Dem Leben bot die gräßliche Verneinung.

Da galt es Kämpfe gegen ganze Massen:
Ein ernster Streit entflammte sich, ein neuer,
Weit über Das hinaus, was Menschen fassen,
Und die politisch kleinen Ungeheuer
Verzehrten sich im gegenseit'gen Hassen;
Du aber standest unbewegt am Steuer,
Sinnschwere Worte werfend in die Winde,
Daß einst der Sohn, der Enkel einst sie finde.

Und stelltest dar in wahren, großen Zügen,
In welchen Abgrund die Begierde führet,
Wenn das Gefühl sich nicht vermag zu fügen,
Und wenn der Geist nach dem Versagten spüret,
Und was, begabt mit fröhlichem Genügen,
Den Deutschen, rechtlich wie sie sind, gebühret:
Bei dieses Taumels schwankender Empörung
Zu hemmen und zu meiden die Zerstörung.

Und überall im reichergoßnen Leben,
In tausendfachen Bildern und Gestalten,
Die bis herunter in ihr kleinstes Weben
Anmuth und Wahrheit um sich her entfalten,
Hast du die große Lehre nur gegeben,
Im eignen Kreise müsse Jeder walten,
Und überall umschwebt uns der Gedanke:
Freiheit erscheint nur im Bezirk der Schranke.

Dich hat die Ahnung aber nicht betrogen:
Macht wider Macht ist kräftig aufgestanden.
Zur Hälfte schon ist jener Wahn verflogen,
Der alles Leben löste von den Banden,
Worin es gütig die Natur erzogen,
Und da die Wahrheit wir verirrend fanden,
So sei'n vergessen jene Gräuelthaten:
Es steht die Blume zwischen jungen Saaten.

Wenn auch der alte, hohe Baum verdorben,
Der eine Welt im Schatten konnte wahren,
Wenn auch der Glanz von ehedem erstorben,
Zerstückt ein Reich, das trotzte tausend Jahren,
So ward dafür ein geistiges erworben,
Und immer schöner wird sich's offenbaren,
Und fehlt ein Kaiser dieses Reiches Throne,
So nimm von uns, die du verdienst, die Krone!

An Schelling.
Als Zueignung zu einem Drama.
1823.

Es muß ein Volk allmählich höher steigen,
Es kann zurück sich nicht ergehn zum Kinde;
Der Dichtung erster, jugendlicher Reigen
Zog längst vorüber, flog vorbei geschwinde:
Sophisten kamen, sie begann zu schweigen,
Und löste nach und nach die goldne Binde.
Doch jene Nüchternen bezwang dein Streben,
Und so entflammtest du das neue Leben!

Was deutsche Kraft in dieser Zeit erreichte,
Gehört dir an, und neigt sich deinem Bilde,
Und dein vor Allen sei dies Lied, das leichte,
Das du zuerst empfingst mit edler Milde,
Versammelnd rings um dessen frühste Beichte,
Von Frau'n und Männern eine schöne Gilde:
Sei's, daß das Volk es nun mit Gunst bezahle,
Du ließest leben es zum ersten Male!

Nun mögen Lieder sich zum Liebe reihen,
Geschichte zu Geschichte, Sag' an Sage,
Ich sehne mich, sie alle dir zu weihen,
Die noch als Keim ich in der Seele trage,
Dir, der gehört mit gütigem Verzeihen
Die frühsten Klänge meiner jungen Tage,
Da noch ich sang des Stolzes muth'ge Triebe,
Und jenen brennenden nach Ruhm und Liebe.

Doch hat das Herz sich nie zurecht gefunden
In dieses Lebens ird'schen Paradiesen:
Die freie Liebe, die es ungebunden
Den Menschen bot, sie ward verlacht von diesen,
Und frühe fühlt' ich in verlass'nen Stunden
Mich auf mein eignes, dunkles Selbst verwiesen,
Und früh begann ein unaussprechlich Sehnen
Die Brust durch Seufzer mächtig auszudehnen.

Das ist vorbei! Ich lernte viel verschmerzen,
Ich fühlte Kraft, mir Alles zu versagen,
Und eine Welt von Heiterkeit und Scherzen
Im leichtbeweglichen Gemüth zu tragen:
Nur selten soll die tiefe Qual im Herzen
Ergießen sich in ungeheure Klagen,
Und jeder Hörer fühle dann mit Beben,
Was für ein trauriges Geschenk das Leben!

So ward gestählt ich denn und ausgestattet
Zu Thaten, die ich länger nicht verschiebe:
Mein Muth, in Qualen nach und nach ermattet,
Wird nie mehr betteln gehn um weiche Liebe,
Vielleicht, da Stunde sich zu Stunde gattet,
Gelingt es meinem glühenden Betriebe,
Daß ich dereinst, wenn deutsches Wort ich meistre,
Die edle Jugend dieses Volks begeistre.

Am Grabe Peter Ulrich Kernell's.

1824.

Den ein allzufrüh Ermatten
Um der Jugend Rest betrogen,
Lasset uns den Freund bestatten,
Den wir, wenn auch fern erzogen,
Lieb, wie einen Bruder, hatten.

Ach es lockten heim'sche Bande,
Lockten aus Hesperiens Eden,
Vom erhabnen Tiberstrande,
Wieder ihn ins theure Schweden,
Nach dem frommen Vaterlande!

Aber eilendes Verderben,
Du vergönntest nicht dem Armen,
Um das größte Glück zu werben,
In den schwesterlichen Armen,
An der Mutter Brust zu sterben!

Schauernd in der Morgenstunde,
Bei dem Schalle fremder Glocken,
Senken hier wir ihn zu Grunde,
Senden, ach! nur wen'ge Locken
Nach dem allzufernen Sunde.

Beßres läßt sich nicht gewähren
Jenen, die so viel ertragen:
Ihre Sehnsucht quillt in Zähren,
Schwillt in Seufzern, stürmt in Klagen,
Die sich ewig neu gebären!

Eh' der Lenz dir Frist gegeben,
Ließ, o Freund, dein allzukarges
Lebensloos dich uns entschweben,
Und den Deckel deines Sarges
Zieren Rosen ohne Leben.

O wie zog es dich nach jenen
Tagen hin, wo laue Winde
Weichgeflaumte Flügel behnen!
Nach der ersten Knospenrinde
Lockte dich dein letztes Sehnen!

Noch bei seinem mattern Pochen
Hat vielleicht das Herz des Kranken,
Eh' der starre Blick gebrochen,
Unaussprechliche Gedanken
Mit den Seinen still gesprochen!

Diese Lieben zu ermuthen,
Säuselt aus dem Schooß der Grüfte
Noch ein Lebewohl des Guten:
Haschet es, ihr Frühlingslüfte,
Tragt es über Land und Fluten!

An die Diana des Niesen.

Von den Jägern der Müllimatt
1825.

O Göttin, die du stets geleitest
Des Jägers Gang durch Feld und Wiesen,
Und gern das Hochgebirg beschreitest,
Die Blümlisalp und unsern Niesen,
Und Allen stets dich hold erwiesen,
Die dir, des Städtelebens satt,
Auf wald'ger Berge Rücken huldigen:
Was zürnst du deinen ungeduldigen
Verehrern auf der Müllimatt?

Auf daß uns froh dein Auge nicke,
Dein heil'ger Grimm uns endlich schone,
Wie gerne lenkten wir die Blicke
Hinauf zu deinem höchsten Throne,
Zu jener keuschen Gletscherzone,
Die dir den Namen hat geraubt;
Doch Nebel, ach! sich ewig häufende,
Von allen Seiten niederträufende,
Umwehn der Jungfrau Strahlenhaupt.

Wir ziehn dem Regenguß entgegen,
Und weihn dir manchen Tag und Morgen;
Doch keine Schnepfe will sich regen,
Und alle Hasen sind verborgen:
So kehren wir denn stets in Sorgen
Von mancher eitlen Fahrt zurück,
Die Müh' und Schweiß genug uns kostete,
Und unsre Flinte, die verrostete,
Ersehnt umsonst ihr altes Glück.

Zwar läßt sich Manches in den Lauben
Der schönen Müllimatt erwerben:
Bei holden Fraun, beim Saft der Trauben,
Beim Duft so vieler Blumenscherben,
Hier ließe leben sich's und sterben;
Doch, Göttin, sieh, zu dir nur schaun
Wir hoffend auf, zu deinen lustigen
Und wilden Höhn von diesen duftigen
Gewächsen, diesen schönen Fraun!

Laß dich von unserm Flehn erweichen,
Und sei mit uns in diesen Tagen:
Das Höchste wollen wir erreichen,
Die pfeilgeschwinde Gemse jagen;
Es wird uns kein Gewehr versagen,
Wenn du uns schützen willst, o du!
Sei gnädig unserer Verwegenheit,
Erspähe selbst uns die Gelegenheit,
Und jag' uns alle Gemsen zu!

Und wenn du uns vor Schmach mit diesen
Geschenken deiner Gunst gerettet,
So möge dir am Rand des Riesen,
Auf Alpenrosen hingebettet,
Erscheinen, was dich ewig kettet:
Auf daß du senkst den Wagenthron,
Erscheine dir ein hingesunkener,
Von Lieb' und Wein und Schlummer trunkener
Ein schnarchender Endymion!

Antwort an einen Ungenannten im Morgenblatt.

1828.

Bis zu mir, aus weiter Ferne, hör' ich süße Worte flüstern,
Glättend jene Falten alle, welche meine Stirn verdüstern,
Zeigend, daß ich nicht vergebens Nesseln schwang und
Disteln köpfte,
Nicht mit Danaibeneimern aus des Lebens Brunnen schöpfte;
Meiner Widersager Mißmuth stört mich nicht in Roms
Ruinen,
Doch die Liebe, wie ein Pilger, übersteigt die Apenninen.
Allen Denen, die so gerne jede wahre Kraft erkennen,
Sei's gesagt, daß nicht einmal ich ihre Namen höre nennen;
Doch von Andern hör' ich, welche sonder Scheu vor Witzes=
nadeln,
Loben mein Gedicht mit Einsicht, und mit Einsicht auch es
tadeln: [3]
Diesen biet' ich aus der Ferne gern die Hand, und Dir
vor Allen!
Zwar du ließest nicht die Stimme kritischer Vernunft er=
schallen,
Aber nach dem Kapitole, dessen Höhn ich jetzt erklimme,
Ließest wehn du mir Begeistrung, jene reine Milderstimme,
Die so glockenhell und herrlich von der Menschenlippe gleitet.
Und elektrisch ihren schönen Liebesfunken weiter leitet.
Ja, es müssen, wo dem Guten sie sich beigesellt, dem
Wahren,
Aus der Seele Dithyramben, wie aus Wolken Blitze fahren!
Mögen denn auch meine Töne durch des Nordes Stürme
lauten
Wie ein Weihgesang des Orpheus auf dem Schiff der
Argonauten,
Die den Pelz, den im Barbarenland sie sich mit Müh'
ergattert,
Für Apollo's Mantel halten, der in Tempe's Lüften flattert.

Rufe nicht, da mich das deutsche Chaos würde blos er=
müden,
Rufe nicht zurück den Dichter aus dem vielgeliebten Süden,

Welcher, bis mich Froft und Alter lüftern macht nach euerm
Vließe,
Ueber jedes meiner Worte Ströme von Mufik ergieße,
Immer mehr nach Süden laß mich meines Auges Wünsche
richten,
Und, genährt von Hyblahonig, auf des Aetna Gipfel dichten!
Laß mich Odyffeen erfinden, schweifend an Homers Geftaden,
Bald, in voller Waffenrüftung, folgen ihnen Iliaden.
Ja, wenn ganz mit deutscher Seele griechische Kunft sich
hat verschmolzen,
Sollft du sehn, zu welchen Pfeilen greift Apoll, zu welchen
Bolzen!
Noch so lange, Freund, so lange laß umher mich ziehn
verlaffen,
Bis Thuiskons Volk und meine Wenigkeit zusammen paffen,
Bis wir Einer Lehre Schüler, Brüder sind von Einem
Orden,
Beide dann einander würdig und einander lieb geworden.
Wie die Lerche möcht' ich kommen, wann die erften Knospen
treiben,
Nicht wie euer Schneegeftöber wehn und endlich liegen
bleiben.
Eher nicht an eure Herzen klopf' ich an, an eure Pforten,
Bis das Schönfte nicht gethan ich, eine große That in
Worten,
Welche kalte Sinne glühn macht, Lob erpreßt von Sylben=
klaubern,
Selbft den Feinden muß gefallen und die Freunde ganz
bezaubern;
Dann vor Solche will ich treten, die verächtlich mir, ver=
blendet
Ehedem des Aberwitzes Achselblicke zugewendet,
Die mir ins Gesicht gepredigt, deutsche Kunft sei längft
gesunken,
Und umsonft in meinem Busen brenne dieser heiße Funken:
Ihrem Schamerröthen tret' ich schweigend dann und still
entgegen,
Und vor ihre Füße will ich alle meine Kränze legen.

———

5

Flucht nach Toscana.
1828.

Wie flog der Wagen leicht dahin,
Seit hinter mir der Apennin,
Seit jeder Pfad, auf dem er flog,
Ins Arnothal hinunterbog!
Olivenhaine rings herum,
Wo manches schöne Tusculum,
Umgeben von Cypressen, stand,
Verhießen mir ein mild'res Land,
Ein Volk, das immer fröhlich singt,
Und dessen Sprache süßer klingt.

Nie laßt mich wiedersehn, o nie
Die nebelreiche Lombardie,
Wo winterlich der Flüsse Qualm
Umdampft den dürren Stoppelhalm,
Und über ebne Fläche weit
Sich legt die dicke Feuchtigkeit!
Wie prächtig Mailand auch, wie groß,
Es liegt der Finsterniß im Schooß,
Und seiner breiten Straßen Glanz,
Was frommt er ihm? Der Scala Tanz,
Den alten marmorblanken Dom
Beneiden ihm Florenz und Rom;
Doch wo's so finster ist und kalt,
Welch quälerischer Aufenthalt!
Wer wollte nicht, um ihn zu fliehn,
Hoch über die Gebirge ziehn,
Hinab zur schönen Stadt gekehrt,
Die einst der Welt so viel gelehrt?

Du bist mir im December Lenz,
Du milder Himmel von Florenz!
Paläste, grüne Haine ziert
Der Arno, welcher nie gefriert,
Und über ihm, so schön und breit,
Die Brücke der Dreifaltigkeit.

Prolog zu den Abassiden.

1829.

Ich möchte wieder wie ein junger Schwärmer
Auf meinem Pegasus ein bischen reiten,
Doch da die Zeit betrübter wird und ärmer,
So möcht' ich fliehn in fabelhafte Zeiten:
Ich, der ich ehedem, an Jugend wärmer,
Herunterstieg in spröde Wirklichkeiten,
Und mit dem Unverstand begann zu turnen,
Der stelzenhaft gespreizt sich auf Cothurnen.

Ihr wendet weg von jenem Volk der Zwitter
Die müden Augen, und ich muß es preisen,
Und will, da Viele mich verschrien als bitter,
Euch meine Süßigkeit einmal beweisen:
Die Sonne bring' ich nach dem Ungewitter,
Einladend euch, mit mir ein Stück zu reisen,
Ein Märchen aus dem Orient zu lesen,
Der meiner Jugend schon so lieb gewesen!

Und weil mir vorgeworfen ward, es wäre
Mein Vers zu gut für eure blöden Ohren,
Und allzukunstreich meine ganze Sphäre,
Weil euch der Wein behagt unausgegohren,
Den sonst ich gern wol durch Gedanken kläre,
So hab' ich diesmal ein Gewand erkoren,
Ganz schlicht und einfach und bequem zu fassen,
Das kaum verhüllt den Stoff in keusche Massen.

Auch mir zuweilen macht's ein bischen Galle,
Daß ich so wenig noch gethan auf Erden,
Und wenn ich euch im Ganzen nicht gefalle,
So führ' ich deßhalb keineswegs Beschwerden;
Doch wünscht' ich manchmal, wie die Andern alle,
Zu euern Classikern gezählt zu werden:
Die Ehre freilich ist ein bischen mager,
Denn wer ins Horn bläst, heißt sogleich ein Schwager.

Drum hab' ich euch dies neue Lied gesponnen,
Das weder Zeit mir noch Kritik verheere;
Es ist, wofern mir unter wärmern Sonnen
Gereift ein Lorbeer, seine reiffste Beere:
Im alten Siena hab' ich's ausgesonnen,
Und dann mit mir geschleppt an beide Meere,
Und schlepp' ich's weiter, bitt' ich nicht zu staunen.
Denn häufig wechseln meine Reiselaunen.

Und weil so Mancherlei den Geist verführet,
So wechsl' ich Aufenthalte gern und Ziele,
Und unter Welschlands Firmament gebühret
Ein bischen Trägheit, das bezeugen Viele:
Ich habe mehr gedacht als ausgeführet,
Und hätt' ich alle jene Trauerspiele,
Zu denen ich den Plan gemacht, geschrieben,
Ich wäre nicht so unberühmt geblieben!

Nie kann der Mensch, wie viel er auch vollende,
Wie kühn er sei, sich zeigen als ein Ganzes,
Und was er ausführt, gleicht es nicht am Ende
Zerstreuten Blumen eines großen Kranzes?
Drum Heil den Dichtern, deren reicher Spende
Deutschland verdankt den Gipfel seines Glanzes,
Die nie mit Denken ihre Zeit verputzen,
Und statt des Geistes blos die Federn nutzen!

Und will Begeistrung ihnen nicht erscheinen:
So hilft die Moccafrucht, so hilft die Rebe:
Vom Trunk erhitzt und auf gelähmten Beinen
Hält sich der deutsche Pindus in der Schwebe;
Ich zähle mich hingegen zu den kleinen
Poeten, der ich mäßig bin, und gebe
Mich ganz und gar für einen schlechten Praffer:
Auch misch' ich täglich meinen Wein mit Wasser.

Drum konnt' ich wenig eure Gunst gewinnen,
Entzünde nicht, da selbst ich nicht entzündet,
Da meine Musen, als Begleiterinnen
Des Wahren, nie dem Pöbel sich verbündet.

Es war ein allzu jugendlich Beginnen,
Daß ich, wie Joseph, meinen Traum verkündet;
Draus hat sich mir der Brüder Neid entsponnen,
Die gern mich würfen in den tiefsten Bronnen.

Doch bis hieher zu weit entferntem Strande
Kann Lieb' und Haß den Dichter nicht beschreien!
Hier mag er weilen, unzerstreut vom Tande,
Vom bunten Wirrwarr deutscher Klatschereien;
Er könnte hier, in einem Zauberlande,
Die bange Brust von jedem Schmerz befreien:
Es steht bei dir, ihm vorzuziehn Lappalien,
Du nordisch Volk, ihn aber schützt Italien!

Deutschland verehrt zu vielerlei Pagoden,
Und Einer stets bekämpft des Andern Meinung:
Dies trübe Chaos tausendfacher Moden,
In welchem Punkte fänd' es je Vereinung?
Der Dichter steht auf einem solchen Boden
Gleich einer fremden sonderbar'n Erscheinung:
Er hört das wilde Heer von ferne wüthen,
Erschrickt und flieht, und birgt sich unter Blüten.

Hier kann er froh sein und des Tags genießen,
Dort müßt' er frieren, Buße thun und darben;
Hier kann Gesang am reinsten sich ergießen,
Denn welche Dichter lebten hier und starben!
Drum kann zu fliehn er sich noch nicht entschließen
Das Reich des steten Lenzes und der Farben.
Indessen wünscht er sich geneigte Leser
Vom Strand der Donau bis zum Strand der Weser!

Zwar hie und da bewirkt er kein Behagen,
Weil ihn die Mandarine streng verbieten!
Doch, fürcht' ich, wird sie Langeweile plagen.
Wenn sie die Welt zurückgeführt auf Nieten.
Auch läßt sich Wahrheit nicht so leicht verjagen:
Johannes Huß und andre Ketzer brieten,
Ihr Wort jedoch erklang von Ort zu Orte:
Welch eine Tugend ist die Kunst der Worte!

Zwar hier und da gibt's keine Demagogen;
Doch Seelen gibt's, durch Worte nicht erreichbar,
Mit siebenfachem Leder überzogen,
Dem Schild des Ajax im Homer vergleichbar.
Sie sind wie steile Klippen in den Wogen,
Auf ewig hart, auf ewig unerweichbar:
Es spritzt die Flut empor mit leisen Scherzen,
Und schmiegt sich an, als hätten Steine Herzen!

Doch nun erzähl' ich, statt ein Grillenfänger
Zu scheinen euch und euch die Zeit zu rauben,
Wenn ihr mir anders noch ein Stündchen länger
Zuhören wollt und meinen Worten glauben,
Wenn anders je mich, wie Horaz den Sänger,
Als blondes Kind verliebte Turteltauben
Bestreut mit Lorbeer, den sie mit dem Schnabel
Für mich gepflückt im schönen Land der Fabel.

An einen Ultra.

1831.

Du rühmst die Zeit, in welcher deine Kaste
Genoß ein ruhig Glück?
Was aber, außer einer Puderquaste,
Ließ jene goldne Zeit zurück?

Kann blos Vergangnes dein Gemüth ergötzen,
Nicht frische, warme That?
Was blickst du rückwärts nach den alten Götzen,
Wie Julian, der Apostat?

Es führt die Freiheit ihren goldnen Morgen
Im Strahlenglanz herbei!
Im Finstern, sagst du, schlich sie lang verborgen:
Das war die Schuld der Tyrannei.

Wer spräche laut, wenn's ein Despot verwehret,
Der Allen schließt den Mund?
Selbst Christi Wort, das alle Welt verehret,
War lang nur ein geheimer Bund.

Nicht Böse blos verbergen ihre Thaten,
Auch Tugend hüllt sich ein:
Das Vaterland, auf offnem Markt verrathen,
Weint seine Thräne ganz allein!

Den Herrscher, sagst du, soll ein Scepter zieren,
Das unumschränkt befiehlt,
Als stünd' ein Mensch er zwischen wilden Thieren,
Nach denen seine Flinte zielt!

Du willst der Rede setzen ihre Schranke,
Einkerkern Schrift und Wort?
Umsonst! Es wälzt sich jeder Glutgedanke
Bacchantisch und unsterblich fort!

Umsonst, Verstockter, tadelst du das Neue,
Allmächtig herrscht die Zeit:
Zwar eine schöne Tugend ist die Treue,
Doch schöner ist Gerechtigkeit!

Und ist es neu, was einst der Weltgemeinde
Freiheit verliehn und Glanz
Vor jenem fünften Karl und seinem Feinde,
Dem schnöden Unterdrücker Franz?

Und sollt' ich sterben einst wie Ulrich Hutten
Verlassen und allein,
Abziehn den Heuchlern will ich ihre Kutten:
Nicht lohnt's der Mühe, schlecht zu sein!

Das Reich der Geister.
1832.

Es lag ein Wütherich auf goldnen Kissen,
Und schlief; da kamen fürchterliche Träume
Ihm ins Gemüth, gleich wilden Schlangenbissen:
Sie führten ihn in außerird'sche Räume,
Vom Reich der Geister fühlt er sich umfangen,
Das ewig klar und ohne Wolkensäume:
Entsetzlich war ihm, was die Geister sangen,
Wie einst Tarquin von Brutus ward vertrieben,
Und wie Hipparchus nicht dem Tod entgangen.

Und solche Frevler wagt man hier zu lieben,
  So denkt er bei sich selbst, wo ist die Achtung
  Für jeden Machtspruch, den ich ausgeschrieben?
Was will die Sonne hier, da längst Umnachtung
  Ich über'n Horizont der Welt verbreitet,
  Wo Jeder kniet vor mir in Selbstverachtung?
Und sieh, ein Mann mit hoher Stirne schreitet
  Auf ihn heran und ruft: Bejammernswerther,
  Welch Schreckenschicksal ist dir hier bereitet!
Hier herrscht die Freiheit stets in unbeschwerter
  Gedankenruh', du kannst sie nicht verjagen,
  Ohnmächtig sind hier alle deine Schwerter!
Doch will zuerst ich, wer ich sei, dir sagen:
  Ich bin der große Florentinische Dichter,
  Nach dessen Staub du magst Ravenna fragen:
Ich war den Sündern meiner Zeit ein Richter;
  Doch unter Allen, welche schon verwesen,
  Erreichte keiner dich und dein Gelichter!
Was wird man einst auf deinem Grabe lesen,
  Der du zugleich Herodes gegen Kinder,
  Und gegen Männer Ezzelin gewesen!
Ein Unterdrücker, nicht ein Ueberwinder;
  Gezeugt von einer schauderbar'n Lemure,
  Und dann gepfropft noch auf den Stamm der Schinder!
Sohn eines Bankerts, Enkel einer Hure,
  Vernimmst du nicht, daß Alle dich begrüßen:
  Rehabeam, wie steht's mit deinem Schwure?
Hier hast du nun die grause Schuld zu büßen:
  Die Letzten selbst im Reich der Geister- grollen
  Dir in's Gesicht und treten dich mit Füßen!
Gehorsam mußte dir die Welt zu zollen:
  Dort nannten Schurken dich sogar den Frommen,
  Hier wär's Verbrechen, dir gehorchen wollen!
Wo sind die Sklaven alle hingekommen,
  Die, unterwürfig ihrem Herrn und Meister,
  Jedweden blut'gen Frevel übernommen?
Hier gilt Gesetz, hier äußert sich in freister
  Thatkraft die Tugend, die du hast gelogen:
  Hier giltst du nichts, du bist im Reich der Geister.

Wie haben deine Schmeichler dich betrogen!
  Nun wirst du (wer gedächte dich zu schonen?)
  Zur ungeheuren Rechenschaft gezogen!
Vernimm! von allen jenen Millionen,
  Die du gestürzt in Jammer und in Klage,
  Die du geschleppt in fürchterliche Zonen,
Von Allen, denen du verkürzt die Tage,
  War jeder Mensch wie du, der Seelenwäger
  Hat sie gewogen auf derselben Wage:
Bald stehn sie Alle gegen dich, die Kläger,
  Wann ihre Zähren sich zum Strom vermählen,
  Aus dem du schöpfen sollst als Wasserträger!
Vom König Kodrus will ich dir erzählen,
  Der in den Tod ging, um sein Volk zu retten,
  Dein's muß sich deinethalb zu Tode quälen!
Und noch auf Lorbeeren wähnst du dich zu betten,
  Wie deine Schmeichler dir es vorgeplaudert?
Tyrann, erstick' in deinen eignen Ketten!
Er spricht's. Der Wütherich erwacht und schaudert.

An einen deutschen Staat.

1832.

Du wachst; allein wer bürgt dafür,
  Ob nie du schlafen wirst?
Ob Muth und Vaterlandsgefühl
  Auf ewig bleiben wach?

Du ruhst an einem Bergesrand
  Gefährlich überaus,
Und wehe dir, sobald du schläfst
  Nur einen Augenblick!

Gedenke nicht des Augenblicks,
  Ins tiefre Werden sieh!
Die ganze Zukunft, liegt sie nicht
  In deiner Brust allein?

Es sah die Welt Jahrhunderte
  In dumpfen Schlaf gesenkt,

Und einer wildbewegten Zeit
Folgt eine träge nach.

Wer aber selbst in schlaffer Zeit,
Wer, sprich, erhielt sich wach?
Es blieben selbst in schlaffer Zeit
Die freien Völker wach!

Es ist die Freiheit jener Puls,
Der stets lebendig schlägt,
Der stets zum Kampfe treibt ein Volk
Für seinen eignen Herd.

Nie fehlen ihr Vertheidiger,
Nie mangelt ihr ein Schwert,
Und wer sie recht gekostet hat,
Geht in den Tod für sie!

O wär' ich frei, wer raubte mir's?
Verlör' ich jede Hand,
So hielt ich doch die Waffe noch
Mit meinen Zähnen fest!

Du fürchtest diesen starken Wein,
Dieweil er mächtig gährt;
Doch setze nur den Becher an,
Er macht die Seelen stark!

Und wenn du diesen Trieb erstickst,
(Du wirst es nicht, ich weiß!)
Dann stehst du nackt und waffenlos,
Wie ein entnervter Greis.

Wann dieser Trieb erlischt, er ist
Erloschen manchem Volk,
Du rüttelst dann die Leiche wol,
Und rüttelst sie nicht auf!

Er sei bewahrt als Heiligthum,
Der ew'gen Lampe gleich,
Die hangend vor dem Hochaltar
Des Doms Gewölb erhellt.

Vergebens blickt Bewunderung
Auf alte Völker hin:
Bewundert nicht! Es liegt an euch,
So groß zu sein wie sie!

Wirf endlich diese Stelzen weg
Vornehmer Gleißnerei:
Wahr sei der Mensch, er krieche nicht,
Sonst braucht es kein Gebet.

Im Herzen wohnt die Gottesfurcht,
Und blos ein Wütherich
(Wir wurdens inne) breitet sie
Wie einen Mantel aus!

Wann deiner Söhne jeglicher
Sein Bürgerthum erkennt,
Dann sinkt vor dir Europa's Schwert
Und Asiens Henkerbeil!

Der Rubel auf Reisen.
1833.

Der Rubel reist im deutschen Land,
Der frommen Leuten frommt,
Und Jeder öffnet schnell die Hand,
Sobald der Rubel kommt.

Ihn speichert selbst der Pietist,
Und gibt den Armen mehr:
Seit außer Curs die Tugend ist,
Curfirt der Rubel sehr.

Der Tugend wird blos Ruhm zu Theil,
Es ist ein hohler Schall;
Doch wem die Welt um Rubel feil,
Dem klingt ein rein Metall!

Da wird die Nacht gescholten Tag,
Der Teufel wird so gut!
Was nicht ein heller Klang vermag,
Was nicht ein Rubel thut!

Des Nordens Sternbild wird bekränzt
Vom Sängerchor des Teut:
Es ist der Rubel, der so glänzt,
Der so das Aug' erfreut!

Wol ist er ein an jedem Strand
Süßangegrinster Gast:
Verkaufe nur dein Vaterland,
Wofern du eines hast!

Der Rubel klirrt, der Rubel fällt,
Was ist der Mensch? Ein Schuft!
Und wenn die Welt dir nicht gefällt,
So steig' in deine Gruft!

Erst gab's nur Einen Kotzebu,
Jetzt gibt's ein ganzes Schock;
Und schüttelst du das Haupt dazu,
So leg' es auf den Block!

Der Teufel siegt, der Gott verliert,
Der blanke Rubel reist:
So ward von je die Welt regiert,
So lang die Sonne kreist.

Wäinämöinens Harfe.

Finnisches Volkslied, aus dem Schwedischen übersetzt.

Wäinämöinen selbst, der alte,
Rudert' eines Tags auf Sümpfen,
Und auf Seen des andern Tages,
Und am dritten Tag im Meere,
Stehend auf des Hechtes Schultern,
Auf des rothen Lachses Finnen:
Er beginnt den Sohn zu fragen:
Stehn auf Reisig oder Stein wir,
Oder auf des Hechtes Schultern,
Auf des rothen Lachses Finnen?
Und der Sohn erwidert eilig:
Nicht auf Stein und nicht auf Reisig,

Auf des Hechtes festen Schultern,
Auf des rothen Lachses Finnen.
Wäinämöinen selbst, der alte,
Stieß das Schwert ins Meer banieder,
Und zertheilte so den Fisch,
Zog das Haupt in seinen Nachen,
Ließ den Schwanz im Meere liegen.
Jenes blickt er an, und wendet's:
Was kann draus der Schmied verfert'gen?
Was kann draus der Schmieder schmieden?
Wäinämöinen selbst, der alte,
Nimmt auf sich des Schmiedes Arbeit,
Macht vom Bein des Hechts die Harfe,
Macht das Kantele von Gräten,
Und von Fischgeripp die Leier.
Und woraus der Harfe Schrauben?
Aus des großen Hechtes Zähnen.
Und woraus der Harfe Saiten?
Aus dem Haupthaar Kalevas.
Zu dem Sohne sprach der Alte:
Hole mir mein Kantele
Unter die gewohnten Finger,
Unter die gewohnten Hände!
Freude strömt nun über Freude,
Auf Gelächter folgt Gelächter,
Während spielet Wäinämöinen
Auf dem Kantele von Gräten,
Auf dem Fischgeripp der Leier.
Keines ward im Hain gefunden,
Sei es auf zwei Flügeln fliegend,
Sei es auf vier Füßen laufend,
Das nicht eilte zuzuhören,
Während spielte Wäinämöinen
Auf dem Kantele von Gräten,
Auf dem Fischgeripp der Leier.
Selbst der Bär im Walde stieß
Mit der Brust sich gegen Zäune,
Während spielte Wäinämöinen
Auf dem Kantele von Gräten,

Auf dem Fischgeripp der Leier.
Selbst des Waldes alter Vater
Schmückte sich mit rothem Schuhband,
Während spielte Wäinämöinen
Auf dem Kantele von Gräten.
Selbst des Wassers gute Mutter
Zierte sich mit blauen Strümpfen,
Ließ im grünen Gras sich nieder,
Um das Saitenspiel zu hören,
Während spielte Wäinämöinen
Auf dem Kantele von Gräten,
Auf dem Fischgeripp der Leier.
Und dem Wäinämöinen selbst
Flossen Thränen aus den Augen,
Dicker noch als Heidelbeeren,
Größer noch als Schnepfeneier,
Nieder auf den breiten Busen,
Von dem Busen auf die Kniee,
Von den Knieen auf die Füße:
So durchnäßten Wasserperlen
Fünf von seinen Wollenmänteln,
Acht von seinen Zwillichröcken.

Gaselen.

Im Wasser wogt die Lilie, die blanke, hin und her,
Doch irrst du, Freund, so bald du sagst, sie schwanke hin und her!
Es wurzelt ja so fest ihr Fuß im tiefen Meeresgrund,
Ihr Haupt nur wiegt ein lieblicher Gedanke hin und her!

I.

Farbenstäubchen auf der Schwinge
Sommerlicher Schmetterlinge
Flüchtig sind sie, sind vergänglich
Wie die Gaben, die ich bringe,
Wie die Kränze, die ich flechte,
Wie die Lieder, die ich singe:
Schnell vorüber schweben alle,
Ihre Dauer ist geringe,
Wie ein Schaum auf schwanker Welle,
Wie ein Hauch auf blanker Klinge.
Nicht Unsterblichkeit verlang' ich,
Sterben ist das Loos der Dinge:
Meine Töne sind zerbrechlich
Wie das Glas, an das ich klinge.

II.

Nah' dich, ungeweihte Wespe, diesem frommen Herde nie,
Du besuchst den Tempelgarten ohne viel Beschwerde nie!
Alle sind wir wohl bewaffnet, wohl gerüstet, wohl bewehrt:
Sahst du meines Blumenheeres kriegrische Geberde nie?
Traun, der Rose Dornengeißel wirst du nie gesund entgehn,
Auch der Lilie gottgeweihtem, breiten, blanken Schwerte nie!
Sonnenblumen tragen Keulen, Hyacinthen sind behelmt:
Nah' dich, ungeweihte Wespe, dieser frommen Erde nie!

III.

Wohl mir, es heilte die liebe Hand mich,
Die mit balsamischem Blatt verband mich:
Als mich in Flammen umdroht' Verzweiflung
Deckte des Glaubens Asbestgewand mich;

Irrend durchstrich ich das wald'ge Dickicht,
Aber der flötende Vogel fand mich;
Wellen verschlangen mich, doch der Delphin
Segelte ruhig ans grüne Land mich;
Nieder vom Berge zur Tiefe glitt ich,
Aber die Rebe des Berges umwand mich.

IV.

O weh dir, der die Welt verachtet, allein zu sein,
Und dessen ganze Seele trachtet, allein zu sein!
Es schuf der unerschöpfte Schöpfer Geschöpfe rings,
Und nicht ein einzig Wesen trachtet, allein zu sein:
Allein zu sein, verschmäht die Tulpe des Tulpenbeets,
Es scheut der Stern sich, wenn es nachtet, allein zu sein.
Verlaß den Stolz, der deine Seele so tief bethört,
Der sich und seine Freuden schlachtet, allein zu sein!
Sogar vom Throne reicht der Herrscher die Hand herab,
Ihm schwindelt, wenn er sich betrachtet, allein zu sein;
Dem Klausner selbst im Wald gesellt sich ein Gottesbild,
Weil betend er's für sündlich achtet, allein zu sein.

V.

Wähnst du, daß der Frommen
Haus dich aufgenommen?
Bist du je des Zweifels
Ungethüm entkommen?
Bist du je des Sehnens
Meere durchgeschwommen?
Hat dir je den Busen
Liebesschmerz beklommen?
Hast du je des Todes
Tiefen Sinn vernommen?
Bist du, hinzuopfern
Irdisches, entglommen?
Offen stehn die Thore,
Bist du's, magst du kommen!

VI.

Du grollst der Welt, weil du gebunden bist,
Und von dir selber überwunden bist?
Verklage nicht das fromme Schwert der Zeit,
Wenn du der Mann der tausend Wunden bist!
Bezeug' uns erst, daß nichts in dir dich hemmt,
Daß du ein Freund von allen Stunden bist!
Sprich erst zur Rose, wenn sie welk erstirbt:
Was kümmert's mich, daß du verschwunden bist?
Dann, Bruder, glauben wir, wie sehr auch du
Von uns, den Freien und Gesunden bist.

VII.

Du wähnst so sicher dich und klug zu sein,
So ganz der Welt und dir genug zu sein?
Doch unbefriedigt schien mir jedes Herz,
Und jedes Wesen, das ich frug, zu sein;
Ein duftig Räthsel schien die Rose mir,
Und jedes Blatt nur auf dem Flug zu sein;
Des Baumes Schatten, unter dem ich lag,
Schien mir ein köstlicher Betrug zu sein;
Gehemmt in Fesseln schien mein eigen Lied,
In die ich's wider Willen schlug, zu sein.

VIII.

Wie die Lilie sei dein Busen offen, ohne Groll;
Aber wie die keusche Rose sei er tief und voll!
Laß den Schmerz in deiner Seele wogen auf und ab,
Da so oft dem Quell des Leidens dein Gesang entquoll!
Wäre Daphne nicht entronnen ihres Buhlen Arm,
Welchen Kranz um seine Lyra schlänge dann Apoll?
Fürchte nicht zu sterben, Guter, denn das Leben trügt:
Gib der Erde gern den letzten, schauderhaften Zoll!
Laß das welke Blatt vom Baume stürzen in den Teich,
Weil es noch im Todestaumel sich berauschen soll!

6

IX.

Du bist der wahre Weise mir,
Dein Auge lispelt's leise mir:
Du bist ein Gastfreund ohne Hehl
Auf dieser langen Reise mir;
Dein Leben wird, daß Liebe noch
Lebendig, zum Beweise mir;
Du bringst der Liebe Moschusduft,
Du bringst der Wahrheit Speise mir;
Es wird so licht, es wird so warm
In deinem lieben Kreise mir;
Du bist die Perle, deren Werth
Hoch über jedem Preise mir!

X.

Wenn du sammelst goldne Trauben ein,
Hüllen Reben dich in Lauben ein;
Wenn am Hügel dich umfängt der Schlaf,
Girren dich verliebte Tauben ein;
Wenn du liebst, so stellen Engel sich,
Die der Sorge dich berauben, ein;
Da die Weisheit mühevoll du fandst,
Büßtest doch du nicht den Glauben ein.

XI.

Der Löwin dient des Löwen Mähne nicht;
Buntfarbig sonnt sich die Phaläne nicht;
Der Schwan befurcht mit stolzem Hals den See,
Doch hoch im Aether hausen Schwäne nicht;
Die Rieselquelle murmelt angenehm,
Doch Schiffe trägt sie nicht und Kähne nicht;
An Dauer weicht die Rose dem Rubin,
Ihn aber schmückt des Thaues Thräne nicht;
Was suchst du mehr, als was du bist, zu sein,
Ein Andres je zu werden, wähne nicht!

XII.

Ja, deine Liebe flammt in meinem Busen,
Du haft sie nicht verdammt in meinem Busen,
Und weichlich ruhn, zum Lobe dir, Gesänge,
Wie Kronen auf dem Sammt, in meinem Busen;
Der Dichtung Lanzen faß' ich mit einander,
Und berge sie gesammt in meinem Busen;
Ja, wie ein Flämmchen, flackert eine Rose,
Die noch aus Eden stammt, in meinem Busen.

XIII.

Die Ruhe wohnt in deinen Zügen, Freund!
Doch auch ein selbstisches Genügen, Freund!
Sie kleiden sich in sichre Harmonie,
Uns um so sichrer zu betrügen, Freund!
Doch suchen mehr wir, als die glatte Stirn,
Die keine Runzel wagt zu pflügen, Freund!
Was in den Adern uns lebendig rollt,
Kein Leben sei es, das wir lügen, Freund!
Kein Fächer sei der schöne Fittig dir,
Er trage dich zu hohen Flügen, Freund!

XIV.

Kein Verständ'ger kann zergliedern, was den Menschen
                                          wohlgefällt:
Etwas ist in meinen Liedern, was den Menschen wohlgefällt:
Sollen eures Wortes Pfeile dringen in des Lebens Herz,
Müßt ihr sie mit dem befiedern, was den Menschen wohlgefällt.
Selbst der Herr des achten Himmels mochte diese Welt besehn,
Mochte sich zu dem erniedern, was dem Menschen wohlgefällt.
Vor dem Hochaltar des Schönen neige sich das Gute selbst,
Was den Herzen aller Biedern, was den Menschen wohlgefällt!
Hat uns auch der Mai verlassen, Jugend ist im Winter
                                          Mai,
Jugend zeigt in schönen Gliedern, was den Menschen wohl-
                                          gefällt.

6*

XV.

Wer Gelder eingetrieben,
Durchbebt die Nacht vor Dieben;
Mir, der ich nichts besitze,
Vergeht sie nach Belieben.
Es dunkeln zwar die Lüfte,
Doch sind sie rein geblieben;
Da senkt des Himmels Wagen
Der Sterne heil'ge Sieben.
O lernt die Welt beschauen,
Dann lernt ihr auch sie lieben!
Bemächtigt euch der Tage,
Die Jedem schnell zerstieben;
Die Welt ist eine Tafel,
Noch viel ist unbeschrieben.

XVI.

Was heimlich oft das Herz erfrischt,
Wird endlich Allen aufgetischt:
Gesegnet werde, wer da lobt,
Gesegnet werde, wer da zischt!
Wo find' ich den Verschwiegenen,
Dem nie ein rasches Wort entwischt?
Das Wort sei Jedem gern vergönnt,
Auch wenn er leere Halme drischt.
Eröffnet er die Muschel nie,
Was frommt's, ob Einer Perlen fischt?
Wer schilt die Rose, wenn ihr Duft
Sich mit des Aethers Wolke mischt?
Was staunst du, da du ziehst den Kork,
Daß an die Decke springt der Gischt?
Das Herz ist eine Flamme, Freund,
Sie lodert, bis sie ganz erlischt.

XVII.

Ich sah vor mir dich wandeln einst; o schöne, goldne
Tage mir,
Entfuhr auch damals manches Ach, entfuhr auch manche
Klage mir!
Es brachte jedes Lüftchen mir aus deinen Locken süßen Duft,
Und Rede stand dein blitzend Aug', so schien's, auf meine
Frage mir;
An deiner Stimme hing ich fest, an deiner Lippen weichem
Ton:
Musik, bei der mein Herz gehüpft, wo flohst du hin, o
sage mir!
Da mir die leeren Hoffnungen gestoben in die leere Luft,
Der Tröster unberufne Schaar, wie wird sie nun zur
Plage mir!
An einer schönen Brust zu ruhn, das ist ein Trost, und
das allein,
Es ist verhaßt mein eigen Selbst in jeder andern Lage mir.

XVIII.

Tief ins Herz mir Feuerbrände
Werfen deine schönen Hände!
Zwischen Erd' und Himmel kenn' ich
Keine liebern Gegenstände:
Ueber diese könnten Dichter
Schreiben hunderttausend Bände!
Pfänder sind sie deiner Nähe,
Denen ich das Herz verpfände.
Wenn sie keusche Rosen pflücken
Längs der grünen Gartenwände,
Möcht' ich selbst zur Rose werden,
Daß ich ihren Druck empfände!

XIX.

Unter deinem Fensterpfosten
Sei mein Stand und sei mein Posten:

Ach, ich schweifte nur vergebens
Bald nach Westen, bald nach Osten!
Doch es pflegt, wie Viele sagen,
Alte Liebe nicht zu rosten.
Süßeres, als deine Blicke,
Gab mir nie die Welt zu kosten:
Ewig sende mir dein schwarzes
Auge süße Liebesposten!

XX.

Schwarzes Auge! böser, falscher Dieb,
Sprich, o sprich, wo meine Seele blieb?
Bald vergleich' ich solch ein Aug' der Nacht,
Bald der Sonne, die die Nacht vertrieb.
Krause Locke, ringle Gold in Gold,
Denn du mahnst an junger Reben Trieb!
Lebte wol ein Alexander je,
Der so schöne Knoten frech zerhieb?
Weiße Hand, verwalte Schenkenamt,
Gib mir Wein, o gib mir Wein, o gib!
Was mir allzuhoch, vergäß' ich gern,
Aber ach, es ist mir allzulieb!

XXI.

Verdammen mögen hier und da der Kunst gestrenge Richter
     mich,
Doch wer verliebt ist und berauscht, der hält für einen
     Dichter mich!
Nur daß ich altre, fühl' ich nun, da mich ein kalter Blick
     verscheucht,
Es machte sonst ein solcher Blick nur muth'ger und er=
     pichter mich;
Doch senken alte Wünsche sich, so steigen neue wieder auf,
Verfolgen, wie ein Fliegenschwarm im Sommer immer
     dichter mich;
Vermöcht' ich zu vertraun die Qual, die seufzend nun im
     Wind zerrinnt,

So tröstete vielleicht ein Freund, ein redlicher und schlichter, mich:
Die Guten lieb' ich allgesammt, und horche gern der Weisen Rath,
Doch halt' ich freilich lieber stets zu lustigem Gelichter mich.

XXII.

Ein Maienathem kommt aus deinen Landen her,
Es weht ein Duft vom Ort, wo wir uns fanden, her;
Der Winter ist ein Greis, doch schickt der Lenz den Duft
Der Kränze, die wir einst als Kinder wanden, her;
Dein Angesicht verheißt des Lenzes Wiederkunft,
Du schickst mir einen Blick, den ich verstanden, her;
Könnt' ich dem Frühlingshauch nicht öffnen meine Brust,
Wo nähm' ich solchen Muth in solchen Banden her?
Laß träumen uns dahin, wo bald die Rebe blüht,
Und, Knaben, bringt den Wein, der noch vorhanden, her!

XXIII.

O Thor, wer nicht im Augenblick den wahren Augenblick ergreift,
Wer, was er liebt, im Auge hat, und dennoch nach der Seite schweift!
Es hat der Sämann ausgesät, doch frißt der Rost die Sense nun,
Des Schnitters Arme sind zu schlaff, was hilft es, ob das Korn gereift?
Die welken Blätter lest ihr auf, da stürmisch der November saust,
O pflücket Blüten ihr im Mai, wenn aus dem Laub der Vogel pfeift!
Nur der vermag, wie Titus einst, zu rufen: Ich gewann den Tag!
Wer einen süßen Mund berührt, an einem schönen Arm gestreift:

Die Lehre zwar ist alt, ich weiß; doch hat sie Mancher
nicht befolgt,
Deß Grab sich nun im Lenz beroſt, deß Grab sich nun
im Herbſt bereiſt.

XXIV.

Der Hoffnung Schaumgebäude bricht zuſammen,
Wir müßn uns, ach! und kommen nicht zuſammen:
Mein Name klingt aus deinem Mund melodiſch,
Doch reihſt du ſelten dies Gedicht zuſammen;
Wie Sonn' und Mond uns ſtets getrennt zu halten,
Verſchworen Sitte ſich und Pflicht zuſammen,
Laß Haupt an Haupt uns lehnen, denn es taugen
Dein dunkles Haar, mein hell Geſicht zuſammen!
Doch ach! ich träume, denn du ziehſt von hinnen,
Eh' noch das Glück uns brachte dicht zuſammen:
Die Seelen bluten, da getrennt die Leiber,
O wären's Blumen, die man flicht zuſammen!

XXV.

Es liegt an eines Menſchen Schmerz, an eines Menſchen
Wunde nichts,
Es kehrt an das, was Kranke quält, ſich ewig der Geſunde
nichts!
Und wäre nicht das Leben kurz, das ſtets der Menſch vom
Menſchen erbt,
So gäb's Beklagenswertheres auf dieſem weiten Runde nichts!
Einförmig ſtellt Natur ſich her, doch tauſendförmig iſt ihr
Tod,
Es fragt die Welt nach meinem Ziel, nach deiner letzten
Stunde nichts;
Und wer ſich willig nicht ergibt dem ehrnen Looſe, das
ihm dräut,
Der zürnt ins Grab ſich rettungslos, und fühlt in deſſen
Schlunde nichts;
Dies wiſſen Alle, doch vergißt es Jeder gerne jeden Tag,

So komme denn, in diesem Sinn, hinfort aus meinem
Munde nichts!
Vergeßt, daß euch die Welt betrügt, und daß ihr Wunsch
nur Wünsche zeugt,
Laßt eurer Liebe nichts entgehn, entschlüpfen eurer Kunde
nichts!
Es hoffe Jeder, daß die Zeit ihm gebe, was sie Keinem gab,
Denn Jeder sucht, ein All zu sein; und Jeder ist im Grunde
nichts.

XXVI.

Den Geruch berauscht der Flieder,
Und Jasmine duften wieder;
Und der Ost, der kecke Freier,
Löst den Knospen ihre Mieder:
Du allein verhüllst dich ewig,
Schlägst vor mir die Augen nieder!
Bliese doch ein Wind und legte
Das Gewand an deine Glieder!
Nähm' er meiner Seufzer einen
Auf sein rauschendes Gefieder!
O belohne deinen Sklaven,
Der so treu dir ist und bieder!
Doch du sprichst: Beglück' ich jenen,
So verstummen seine Lieder.

XXVII.

Dich ersleht das Land als Segen,
Schnöder, unwillkommner Regen!
Mich nur störst du sehr auf meinen
Abendlichen Liebeswegen.
Nach der Feder muß ich greifen,
Wie ein Held nach seinem Degen,
Weil die Helden wie die Dichter
Langeweile macht verlegen;

Eitle Reime muß ich schmieden,
Statt der Liebe Gunst zu pflegen:
Sonst erheitert kein Geschäft mich,
Meiner tiefen Wunde wegen.

XXVIII.

Oft mit banger Seele spiel' ich den Zerstreuten, bir zu Liebe,
Oft auch nehm' ich mich zusammen vor den Leuten, dir zu
Liebe;
Oft in deiner Freunde Cirkel hab' ich angehört geduldig
Worte, welche nichts verfangen, nichts bedeuten, dir zu Liebe;
Ja, damit des Lenzes Reize sich erhöhn in meinen Augen,
Denk' ich, daß sich Flur und Garten nur erneuten dir zu Liebe!
Auf verschiednen Wegen haben sich der Trunkenheit ergeben
Für sich selbst die Stumpfgesinnten, die Gescheidten dir zu
Liebe;
Laß in deinem Schatten endlich schlummern uns, o schlanke
Pappel,
Da wir nur zu lang an Schatten uns erfreuten, dir zu Liebe.

XXIX.

Du blühst umsonst, Natur! Die Zeiten sind verwirrt,
Es hadern die Partei'n, und jede Waffe klirrt:
Wer achtet nun den Lenz, den üpp'gen Gast der Welt,
Der taumelnd und berauscht nach allen Seiten irrt?
Wer blickt den Himmel an, und saugt die reine Luft,
Die breitend über uns mit leisem Flügel schwirrt?
Drum sammle sich umher, wem noch der Lenz behagt,
Wer noch des Weins begehrt, wer noch von Liebe girrt!
Ihm hat den Schleier nicht umsonst gestickt die Nacht,
Und nicht umsonst der Tag die Zelter angeschirrt.

XXX.

‿ – ‿ – ‿ – , ‿ – ‿ – ‿

Den Zehnten gibt die Rose von ihrem Golde,
Da bieten Kelch und Fächer die Blüt' und Dolde:

Behalte diesen, fächle die feuchte Stirne,
Für Freunde fülle jenen, für Trunkenbolde!
Der Traubenhyacinthus bewegt die Glocken,
Da schmückt sich weiß die Lilie zum Fest, die holde;
Das Licht verschenkt die Farben, wie Band und Orden,
Daß Tulpe sich verbräme, sich Lack vergolde:
Damit Natur im Lenze sich selbst genieße,
Ernährt sie einen Dichter in ihrem Solde.

XXXI.

O Zeit, in der ich rastete,
In der mich nichts belastete,
In der ich noch so wohlgemuth
Am Tisch der Ruhe gastete!
In der ich nicht nach falscher Gunst
Mit eil'gen Schritten hastete!
Du flohst, es rette mich das Glück,
Da's weiß, wie lang ich fastete,
Wie lang ich keine schöne Hand
Mit meiner Hand betastete!

XXXII.

Die Fülle dieses Lebens erfüllt mich oft mit Schrecken,
Als fielen tausend Sterne vom Himmel, mich zu decken:
Es reizt die Welt mein Auge durch tausend prächt'ge Formen,
Wo soll vor diesem Drange, wie Saul ich mich verstecken?
Des Forschens Labyrinthe! Der Kunst Gestaltenzauber!
Der Völker That und Sage! Der Länder schöne Strecken
Auf meinem Busen lastet unendliche Begierde
Nach jenen Schätzen allen, die Lieb' und Lust erwecken!
So wär' ich längst erlegen; doch meine Blicke sollten
In einen Punkt verdichtet des Schönen All entdecken:
Seitdem du mir erschienen, entsagt' ich diesem Schweifen
Nach allen Himmelswinkeln, nach allen Erdenecken.
Es dampft der Quell der Jugend vom Fels im Wirbelstaube,
Bis friedlich ihn und silbern umfängt der Liebe Becken.

XXXIII.

Hab' ich doch Verlust in Allem, was ich je begann, ertragen;
Aber glaubet mir, das Leben läßt sich dann und wann
    ertragen!
Zwar des Leidens ganze Würde riß mich oft schon halb zu
    Boden,
Doch ich hab' es immer wieder, wenn ich mich besann, ertragen:
Mir geziemt der volle Becher, mir der volle Klang der Lauten,
Denn den vollen Schmerz des Lebens hab' ich als ein
    Mann ertragen!
Doch nun fühl' ich, wie beflügelt, bis zum Himmel mich
    gehoben,
Denn es lehrte mich das Leben, daß man Alles kann er=
    tragen!
Und es öffnet gegen Alle sich das Herz in reiner Liebe,
Und ich will so gern mit Allen dieses Lebens Bann ertragen;
Schließt den Kreis und leert die Flaschen, diese Sommer=
    nächte feiernd,
Schlimmre Zeiten werden kommen, die wir auch sodann
    ertragen.

XXXIV.

Es lächelt, voll von Milde, mir manches Angesicht,
Doch Alles ist vergebens, ihr Alle seid es nicht!
Ihr blauen Augen werdet nie meine Sterne sein,
Ein schwarzes Auge weiß ich, aus diesem saug' ich Licht.
Ein hartes Wort befürcht' ich von deinem spröden Mund,
Drum laß die Lippen schweigen, so lang' das Auge spricht!
Die Sonn' erwärmt die Steine, wie sollte nicht dein Aug'
Ein Herz erwärmen, dem es an Wärme nicht gebricht?
Doch rath' ich dir, vertraue dem Geiste nicht zu sehr,
Der, flücht'ger als die Rose, nur flücht'ge Bande flicht;
Der gern erproben möchte die ganze Welt umher,
Dem nach so viel gelüstet, den ach! so viel besticht.
Allein was sag' ich? Flehen um Liebe sollt' ich dich,
Denn dich vor mir zu warnen, ist über meine Pflicht!
Mein leichtes Wesen hätte sich längst, wie Spreu, zerstreut,
Doch Schmerz um deine Liebe verleiht mir noch Gewicht.

XXXV.

Die Zeiten, wo das Liebchen nah', sie gehn, ihr wißt nicht
wie, herum;
Doch jene Zeiten, wenn es fern, o sagt, wie bringt ihr die
herum?
Wenn ihr ein Lied zu singen denkt, so singt ein regelrechtes
Lied,
Das meine schwankt am Gängelband der losen Phantasie
herum.
Ein Nebenbuhler hatte schon entzogen mir dies schöne Bild,
Doch bracht' ich wieder es zu mir, wiewol er mich beschrie,
herum;
Ich höre hoffend schon voraus, wie mich dein erstes Du
begrüßt,
O wäre schon die bange Zeit und dieses stolze Sie herum!
Es windet sich der Liebe Geist um deiner Glieder Ebenmaß,
Wie um die Worte des Gesangs die weiche Melodie herum!
Wann liegt mein Haupt auf deinem Schooß, indem sich
mein verwegner Arm
Um deine schlanke Hüfte schlingt, und um dein schönes
Knie herum?

XXXVI.

Jahre schwanden, dieser Busen ist von Liebe rein gewesen,
Was ihn wieder hat befangen, ist ein Becher Wein gewesen:
Lenzeshauch aus goldnen Locken lockte mich in eherne Bande,
Denn ihr Anbeginn ist Irrthum, und ihr Ende Pein gewesen:
An bemalten Schaugerichten wollt' ich meinen Hunger stillen,
Aber was mir Brod geschienen, ist ein kalter Stein gewesen:
Gold und Silber wollt' ich fördern auf im Traum gesehnen
Plätzen,
Aber was ich ausgegraben, ist ein morsch Gebein gewesen.
Will mich dennoch, aus der Ferne, deine Huld und Milde
segnen,
Soll mir theurer sein die Trennung, als es der Verein
gewesen;
Flatterfinnig, unbeständig ließ ich zwar das Auge schweifen,

Doch es ist das Herz im Stillen, ganz im Stillen dein ge=
    wesen;
Was zu dir mich hingezogen, war Geschick und Gegenliebe,
Was an Jene mich gefesselt, ist ein falscher Schein gewesen:
Richte nicht zu streng die Lieder, die ich nicht an dich gerichtet,
Freilich, solcher Lieder würdig wärst du ganz allein gewesen.

XXXVII.

Wie, du fragst, warum dein Wohlgefallen
Mich erwählt, umschlossen hält vor Allen?
Fragst, warum zu mir, dem Fernen, pilgernd
Deine heimlichsten Gedanken wallen?
Weiß ich's selbst? Vermag ich's selbst zu deuten,
Welch ein schöner Wahn dich überfallen?
Glaubst du nicht, es sei mein Herz die Zither,
Deren Saiten allgemach verhallen?
Fühlst du nicht, daß diese leichten Lieder
Sterblich seien, wie die Nachtigallen?
Gibst du dich für mich? Du gleichst dem Wilden,
Eitlen Tand erkaufend mit Metallen.
Aber fürchte nichts, dem Gläub'gen müssen
Selbst die Wolken sich zu Felsen ballen.

XXXVIII.

Weiß ich, wohin ich noch gezogen werde,
Und ob von euch ich nicht betrogen werde?
Ich staune, daß ich, da mein Lenz entwichen,
Vom Blütenstaub noch überflogen werde;
Ich zweifelte, da ich gespielt den Kalten,
Ob ein Gemüth mir noch gewogen werde?
Doch weiß ich euch kein süß Geschwätz zu bieten,
Das uns zu zärtlichen Eklogen werde;
Zum Himmel trotzt mein Lebensbaum und harret,
Ob er zu Laube noch gebogen werde;
Wer meiner Fahrt Gefährte, sei gewärtig,
Daß er ein Spiel der falschen Wogen werde!

XXXIX.

Ist's möglich, ein Geschöpf in der Natur zu sein,
Und stets und wiederum auf falscher Spur zu sein?
Ward nicht dieselbe Kraft, die dort im Sterne flammt,
Bestimmt als Rose hier die Zier der Flur zu sein?
Was seufzt ihr euch zurück ins sonst'ge Paradies,
Um wie das Sonnenlicht verklärt und pur zu sein?
Was wünscht ihr schmerzbewegt euch bald im Erdenschooß,
Und über Wolken bald und im Azur zu sein?
Was forscht ihr früh und spat dem Quell des Uebels nach,
Das doch kein andres ist, als Creatur zu sein?
Sich selbst zu schaun, erschuf der Schöpfer einst das All,
Das ist der Schmerz des All's, ein Spiegel nur zu sein!

XL.

Ich trat die Straße der Gefahren an,
Sie reihten sich zu ganzen Schaaren an!
Als Unerfahrner ward ich eingeschifft,
Und kam im Hafen unerfahren an;
Wenn du besuchen willst der Liebe Markt,
So triffst du stets von meinen Waaren an;
Vertrödelt hab' ich früherhin das Herz,
Drum fing ich späterhin zu sparen an.
O Glück, wenn je du kommst, so thu' es jetzt,
Du triffst mich noch bei jungen Jahren an!
Ich hab' euch früher trüben Wein gemischt,
Die Hefe sank, ich biete klaren an.

XLI.

Immer erhält die Verliebten wach
Manches Entzücken und manches Ach;
Ohne zu schwindeln ergehn sie sich
Mitten im Schlafe von Dach zu Dach.
Wandelt geschwinde des Wunsches Weg,
Doch in der Nähe des Ziels gemach!
Wenn ihr den Gipfel erklommen wähnt,
Oeffnen sich gräßliche Schlünde jach.

Freunde, mir ist die Vernunft zu schwer,
Aber die Liebe, das ist mein Fach!
Während ich zog in der Tugend Feld,
Sah ich, es stehe die Lieb' im Schach;
Meine Gesänge, das macht mir Muth,
Fließen melodischer als ein Bach.

XLII.

Einmal will ich, das versprech' ich, ohne Liebgekose leben,
Wann die Blumen hier im Garten nach den Tafeln Mose
          leben;
Hör' ich Abends auf den Straßen einen Vogel, eine Flöte,
Sag' ich bei mir selbst: Es möge dieser Virtuose leben!
Freund! es ist der Lenz gekommen, unsre Wege sind ver=
          schieden:
Lebe wie die keusche Lilie, laß mich wie die Rose leben!
Laßt mich euern Rath vernehmen, was das Beste sei von
          Zweien:
Weise leben, lose reden? Weise reden, lose leben?
Wollt ihr mich durchaus verkennen, thut es immerhin,
          denn immer
Werd' ich, ob ich lächle drüber oder mich erbose, leben.

XLIII.

Aus allen Fesseln wand mein Geist behende sich,
Denn liebend schlingt mein Arm um deine Lende sich!
Wo fände Muth das Herz, sich karg zurückzuziehn:
Es gebe ganz sich hin, und es verschwende sich!
Der Lenz der Liebe tritt hervor, und das Gesetz,
Es neigt, dem Winter gleich, zu seinem Ende sich:
Der Eine bete dich, wie seine Heil'gen an,
Der Andre kniee fromm vor eine Blende sich!
Dem Strengen gönnen wir, zu werden was er soll,
Doch auch des Freien Geist, o Freund, vollende sich!

XLIV.

Ich beburfte, deine Liebe zu gewinnen, heut und morgen!
Drum, o Freunde, laßt vergebens nicht verrinnen heut und
morgen!
Heut und morgen ist die Summe dieses allzukargen Lebens,
Und wie schnell, wir wissen's Alle, gehn von hinnen heut
und morgen!
Im topas'nen Kelch der Tulpe schwelgt der Thau als
Silbertropfen,
Doch ihn läßt das Gold der Sonne nicht darinnen heut
und morgen!
Ein'ge Blätter aus den Rosen hat ein Wind davon ge=
tragen,
Und er wird sie ganz entführen, fürcht' ich, binnen heut
und morgen!
Laß den Trank im Becher steigen, denn der Wein des
Morgenrothes
Quillt empor bis an der Berge hohe Zinnen heut und
morgen!

XLV.

Könnt' ich spielen eine Laute,
Wüßt' ich, wem ich mich vertraute:
Vor dein Fenster würd' ich treten,
Könnt' ich blasen auf der Flaute;
Worte scheinen mir so nüchtern,
Daß mir oft vor ihnen graute!
Worte hört man nicht von ferne
Wie die süßen Flötenlaute;
Dennoch soll die Welt erfahren,
Was ich Holdes an ihr schaute:
Schwarzes Auge! Goldne Locken!
Uepp'ge Glieder, schöngebaute!
Nach dem Vließe deiner Locken
Fährt mein Herz als Argonaute.

XLVI.

Wenn ich nur minutenlange beines Blicks genossen hätte,
Wünscht' ich, daß die Liebesleiter keine höhre Sprossen hätte!
Denn was müßte Der empfinden, der an beinen Lippen
                                athmend
Diese schönen, keuschen Formen jugendlich umschlossen hätte?
Freudetrunken dir am Busen würd' ich brünstig weinen
                                lernen,
Wenn ich nicht, doch nicht aus Freude, Thränen schon ver-
                                gossen hätte;
Wenn ich nun erkühnt mich hätte, leise dir die Hand zu
                                drücken,
Gar zu gerne möcht' ich wissen, ob es dich verdrossen hätte?
Wünschen nicht, wir sollen wagen; denn wie leicht ist's,
                                blos zu sagen:
Fliegen würd' ich, wenn ich Flügel, schwimmen, wenn ich
                                Flossen hätte!
Sittenzwang und Formelwesen hätten längst die Welt ver-
                                kümmert,
Wenn sich nicht Gesang zuweilen durch die Welt ergossen
                                hätte.

XLVII.

Schüchtern war die Seele, war erschrocken sonst,
Kam bei jedem Schritte fast ins Stocken sonst;
Sie, die nun im Aether ihre Schwinge wiegt,
Ließ in tausend Netze sich verlocken sonst;
Sie, die nun die Hydra der Begier erlegt,
Saß in Weiberröcken vor dem Rocken sonst;
Gegenüber einem Angesicht wie beins
War ich nicht so frostig, nicht so trocken sonst;
Aber neu verführen wirst du mein Gemüth,
Denn was wollen anders deine Locken sonst?

XLVIII.

Dir ja nicht allein vor Allen, ich entsage lange schon,
Und ein stiller Gram vergiftet meine Tage lange schon:

Seufzer flohn und Thränen flossen, was noch heischt die
           Welt und du?
Zeugniß gab von meinem Leben meine Klage lange schon.
Nicht das kleinste Liebeszeichen gabst du mir, ich lausch'
           umsonst,
Lese dir umsonst im Auge, forsch' und frage lange schon!
Aber nein! Ein leises Etwas, nenn' ich Wink es oder Gruß,
Weht von dir zu mir und lindert unsre Plage lange schon.
Doch was frommt's? Es trennt uns Alles, Sprach' und
           Sitte, Raum und Zeit,
Wandern in die Ferne muß ich, und ich zage lange schon!

XLIX.

Was gibt dem Freund, was gibt dem Dichter seine Weihe?
Daß ohne Rückhalt er sein ganzes Selbst verleihe:
Erleuchten soll er klar der Seele tiefste Winkel,
'Ob auch ein Tadler ihn verlorner Würde zeihe.
Ihr Halben hofft umsonst, mit enger Furcht im Herzen,
Daß euer Lied man einst zu großen Liedern reihe:
Stumpfsinnige, was wähnt ihr rein zu sein? Ich hörte,
Daß keine Schuld so sehr, als solch ein Sinn entweihe;
Ich fühlte, daß die Schuld, die uns aus Eden bannte,
Schwungfedern uns zum Flug nach höhern Himmeln leihe.
Noch bin ich nicht so bleich, daß ich der Schminke brauchte,
Es kenne mich die Welt, auf daß sie mir verzeihe!

L.

Es schmückt mit zarter Decke kaum
Das junge, neue Laub den Baum:
So grünt um deine Wange rings
Der frische, dunkle, weiche Flaum;
Für schöne Weiber wär's ein Glück,
Nur zu berühren deinen Saum!
Doch warfst du deinem Nacken um
Der reinen, keuschen Sitte Zaum.
O bringe Wein und komm zu mir,
Im hohen Grase hier ist Raum!

7 *

Es letze deiner Zunge Wort
    Das Ohr mir und der Wein den Gaum;
Der Rausch erhöht die Wange dir,
    Laß steigen dir zu Kopf den Schaum!
Laß hier uns träumen, Arm in Arm,
    Der Jugend kurzen Morgentraum!

LI.

Da, wie faſt ich nuß vermuthen, deine Liebe lau geworden,
Fürcht' ich, daß die braune Scheitel über Nacht mir grau
                            geworden!
Geizeſt du mit Augenblicken, die mir mehr als dir gehören?
Biſt du, lieblicher Verſchwender, plötzlich ſo genau geworden?
Haben deiner Treue Roſen ſich als Dorn den Stolz erleſen?
Sind der Liebesgöttin Tauben wie der Juno Pfau geworden?
Wenn dich Weiber mir geſtohlen, werden ſie ſo lang dich feſſeln,
Bis der Tempel deiner Glieder ein zerſtörter Bau geworden.
Oder willſt du blos mich locken, den du längſt im Netz
                            gefangen,
O ſo lohnt ſich's nicht der Mühe, daß du kalt und ſchlau
                            geworden!

LII.

Das vermag ich nicht zu ſagen, ob die Zeit dich mir entriß,
Aber daß du ſchön geblieben, wie du warſt, das iſt gewiß!
Wenn im brüderlichen Cirkel andrer Jünglinge du ſtehſt,
O ſo ſtehſt du wie der Morgen zwiſchen Graun und
                            Finſterniß.
Nur vergebne Mühe war es, um zu retten mich vor dir,
Daß ich Andre ſchön zu finden über Alles mich befliß!
Doch in eines Stolzen Banden ſich zu wiſſen, iſt ſo hart,
Daß ich oft, ergrimmt und trotzig, in die falſche Kette biß:
Grauſam iſt es, Trank und Speiſe meiner Lippe zu entziehn,
Und dabei mir Glück zu wünſchen, und zu ſagen: Trink'
                            und iß!

LIII.

O Thor, wer nicht des Glücks geheimem Winke folgt,
Und nicht dem Flötenton, dem Ton der Zinke folgt:
Wer, ohne Tanz und Scherz, der alternden Vernunft,
Wohin auch schleiche sie, wohin sie hinke, folgt:
Kurz ist der Lenz, es ging das Veilchen keusch voran,
Die Rose, die sich malt mit eitler Schminke, folgt:
Kurz ist das Glück, da stets der Freude die Gefahr,
So wie dem rechten Fuß sogleich der linke folgt;
Doch naht auch selbst ein Tag, der wahre Gunst verleiht,
Der Träge bleibt zurück, und nur der Flinke folgt.

LIV.

⏑—⏑—⏑——⏑—, ⏑—⏑⏑—⏑—

Herein, ergreift das Kelchglas! Was ließe sich weiter thun?
Was etwa dürst ihr sonst noch, o meine Begleiter, thun?
Ihr rückt mir nur mit Unrecht ein müßiges Treiben vor,
Denn da das Schiff zu Grund ging, was sollen die
     Scheiter thun?
Ich weiß ein Volk, das ehemals zum Muster gedient der
     Welt,
Was wollt' ich, wär's ein Volk noch, als rüstiger Streiter
     thun?
Doch greif' ich zum Pokal nun, und übe Gesang, und will,
Was hart und unabweisbar, gefällig und heiter thun!
Den Himmel, wenn ans Herz euch ich drücke, begehr' ich
     nicht,
Was sollt' ich auch mit Jakobs gewaltiger Leiter thun?

LV.

Während Blut in reichen Strömen floß dem Wahne, floß
     der Zeit,
Standst du, Held, auf beiden Ufern, ragend als Koloß
     der Zeit!
Tief zu sich herabgezogen alles Große hatten sie,
Doch du kamst und herrschtest mächtig überm kleinen Troß
     der Zeit:

Fürsten hielten dir den Bügel, Kaiser dir den Balbachin,
Unter deinem Schenkel stöhnte das gezähmte Roß der Zeit.
Was nur Scheinverdienst erheuchelt, tratst du nieder in
     den Staub,
Nahmst des Glücks Tribut zum Opfer, nahmst den Zoll
     und Schoß der Zeit:
Sei das Glück denn laut gepriesen, sammt den Gaben,
     die's verschenkt;
Wer's gewann, genoß des Lebens, wer's erfuhr, genoß
     der Zeit!
Aber hütet euch, Beglückte; denn die Menge rast um euch,
Stets belagert sie den stolzen Castellan im Schloß der Zeit.
Mancher Pfeil, o Held, durchbohrte deine starke Brust
     von Erz;
Aber Namen, groß wie deiner, fürchten kein Geschoß der Zeit!

LVI.

Der Trommel folgt' ich manchen Tag, und an den Höfen
     lebt' ich auch,
Erfahren hab' ich Dies und Das, und Das und Dies
     erstrebt' ich auch;
Es zog der ungestillte Geist mich wandernd oft im Land
     umher,
Und wieder stille saß ich dann, und an den Büchern klebt'
     ich auch;
Verglommen ist die Hitze halb, die junge Seelen ganz erfüllt,
Denn oft verzehrte mich der Haß, und vor der Liebe bebt'
     ich auch;
Doch schien ich mir zu nichts bestimmt, als nur das Schöne
     weit und breit
Zu krönen durch erhabnes Lob, und solche Kronen webt'
     ich auch;
Was künftig mir beschieden sei, verkünde kein Orakel mir,
Denn dieser Sorg' und Bangigkeit um Künftiges entschwebt'
     ich auch.

LVII.

Er, dessen Sinn durch Schönes nicht anzufachen ist,
Er ist's, für den die Erde der Hölle Rachen ist:
Der ew'gen Schönheit Athem beseelt den Leib der Zeit,
Der ohne sie ein Haufen von todten Sachen ist!
Wer, ohne sie, noch möchte bestehn in einer Welt,
Die, wenn auch reich an Schätzen, es auch an Drachen ist.
O selig, wer im Herzen ein schönes Bild erkor,
Bei dem es süß zu schlummern, und süß zu wachen ist!
In dessen Augen Seele, in dessen Gliedern Maß,
Und dessen Thräne lieblich wie dessen Lachen ist!
Mir bleibt das Schöne ferne, der ich es stets besang:
Sprich, Weiser, was in Fällen, wie der, zu machen ist?
Es steuert nach dem Hafen des Glücks mein Herz umsonst,
Das auf dem Meer der Liebe der kleinste Nachen ist!

LVIII.

Die Ketten streift' ich ab, und warf die Seile weg,
Und wandte mich vom Tand der Welt in Eile weg!
Von frost'ger Nüchternheit, von grübelnder Vernunft,
Wie sehn' ich mich davon, aus langer Weile, weg:
Sagt ihr mir Schlimmes nach, so sagt' ich's im Voraus,
Und nahm euch diesen Ruhm zum besten Theile weg:
Ich zöge gern den Weg, den eure Tugend bahnt,
Doch blieb ich stets davon um eine Meile weg;
Denn wer zur Scheibe sich, zum Ziel die Sonne wählt!
Der sendet stets umsonst die leichten Pfeile weg!
Nun aber, Dichter, schweig und laß der Welt den Lauf,
Und was ihr nicht behagt, vertilge, feile weg!

LIX.

Diese weichlichen Gesänge, die ich hier zusammenflocht,
Wenn sie auch die Strenge tadelt, hat's die Liebe je vermocht?
Laßt das schelmische Getändel schmeicheln sich in eure Brust,
Möge der Verstand es schelten, wenn das Herz euch nur
                                        gepocht!

Dachtet ihr an weise Lehren, wenn das Liebchen euch um-
                                        schlang?
Fragtet ihr um Rath die Sitte, wenn ihr an den Rosen rocht?
Andre Gaben würd' ich pflegen, wenn sie mir das Loos
                                        ertheilt,
Doch nur Schönes setzt in Flammen meines Lebens schwan-
                                        ken Docht;
Denn mir ward ein Sinn gegeben, den ich selbst mir nicht
                                        verlieh;
Stolz und trotzig gegen Alles, doch vom Schönen unterjocht!
Das nur ist es, was mich fesselt, ob ich wandle durch den
                                        Hain,
Ob mir holde Blicke lächeln, ob der Wein im Becher kocht!
Das nur ist's, wofür ich athme, das nur, was mich treu
                                        bewahrt,
Wenn ich liebender Entsagung ehrenvolle Kämpfe focht.

LX.

Früh und viel zu frühe trat ich in die Zeit mit Ton und
                                        Klang,
Und sie konnte kaum empfinden, was dem Busen kaum ent-
                                        sprang:
Nicht den Geist, der scharf und sicher in des Lebens Auge
                                        blickt,
Nicht die zarten Klagelaute jener Seele voll Gesang!
Kalt und ahnungslos und schweigend, ja mit Hohn em-
                                        pfing sie mich,
Während sie um niedre Stirnen ihre schnöden Zweige schlang!
Mir indessen, dem's im Busen thatenschwanger wühlte, gohr,
Diente selbst der Scherz als Maske, wenn ich tiefe Schmer-
                                        zen sang;
Doch getrost! Vielleicht nach Jahren, wenn den Körper Erde
                                        deckt,
Wird mein Schatten glänzend wandeln dieses deutsche Volk
                                        entlang.

Sonette.

Was stets und aller Orten
Sich ewig jung erweist,
Ist in gebundnen Worten
Ein ungebundner Geist.

I.

Entleb'ge dich von jenen Ketten allen,
    Die gutgemuthet du bisher getragen,
    Und wolle nicht, mit kindischem Verzagen,
    Der schnöden Mittelmäßigkeit gefallen!

Und mag die Bosheit auch die Fäuste ballen,
    Noch athmen Seelen, welche keck es wagen,
    Lebendig, wie die deinige, zu schlagen,
    Drum laß die frischen Lieder nur erschallen!

Geschwätz'gen Krittlern gönne du die Kleinheit,
    Bald Dies und Das zu tadeln und zu loben,
    Und nie zu fassen eines Geistes Einheit.

Ihr kurzer Groll wird allgemach vertoben,
    Du aber schüttelst ab des Tags Gemeinheit,
    Wenn dich der heil'ge Rhythmus trägt nach oben.

II.

Sonette dichtete mit eblem Feuer
    Ein Mann, der willig trug der Liebe Kette,
    Er sang sie der vergötterten Laurette,
Im Leben ihm und nach dem Leben theuer.

Und also sang auch manches Abenteuer,
    In schmelzend musikalischem Sonette,
    Ein Held, der einst durch wildes Wogenbette
Mit seinem Liebe schwamm, als seinem Steuer.

Der Deutsche hat sich beigesellt, ein Dritter,
    Dem Florentiner und dem Portugiesen,
    Und sang geharnischte für kühne Ritter.

Auf diese folg' ich, die sich groß erwiesen,
    Nur wie ein Aehrenleser folgt dem Schnitter,
    Denn nicht als Vierter wag' ich mich zu diesen.

III.
Das Sonett an Goethe.

Dich selbst, Gewalt'ger, den ich noch vor Jahren
    Mein tiefes Wesen witzig sah verneinen,
    Dich selbst nun zähl' ich heute zu den Meinen,
Zu denen, welche meine Gunst erfahren.

Denn wer durchbrungen ist vom innig Wahren,
    Dem muß die Form sich unbewußt vereinen,
    Und was dem Stümper mag gefährlich scheinen,
Das muß den Meister göttlich offenbaren.

Wem Kraft und Fülle tief im Busen keimen,
    Das Wort beherrscht er mit gerechtem Stolze,
    Bewegt sich leicht, wenn auch in schweren Reimen.

Er schneidet sich des Liebes flücht'ge Bolze
    Gewandt und sicher, ohne je zu leimen,
    Und was er fertigt, ist aus ganzem Holze.

IV.
Shakespeare in seinen Sonetten.

Du ziehst bei jedem Loos die beste Nummer,
　Denn wer, wie du, vermag so tief zu bringen
　Ins tiefste Herz? Wenn du beginnst zu singen,
Verstummen wir als klägliche Verstummer.

Nicht Mädchenlaunen stören deinen Schlummer,
　Doch stets um Freundschaft sehn wir warm dich ringen:
　Dein Freund errettet dich aus Weiberschlingen,
Und seine Schönheit ist dein Ruhm und Kummer.

Bis auf die Sorgen, die für ihn dich nagen,
　Erhebst du Alles zur Apotheose,
　Bis auf den Schmerz, den er dich läßt ertragen!

Wie sehr dich kränken mag der Seelenlose,
　Du lässest nie von ihm, und siehst mit Klagen
　Den Wurm des Lasters in der schönsten Rose.

V.
An F. v. B.
Mit den Gaselen.

Die schöne Schickung, welcher Lob gebühret
　Für dieses Lebens Herrlichstes und Meistes,
　Sie hat hieher in unser unbereiftes,
Bescheidnes Städtchen dich, o Freund, geführet.

Die schöne Sehnsucht, welche du verspüret,
　Ein Höchstes frühe zu verstehn und Freistes,
　Hat auf die Spuren jenes großen Geistes
Dich hergeführt, der alle Welt berühret.

Du hassest Alle, die nur Formeln schwätzen,
　Du strebst das Innre jedes Dings zu sichten,
　Und übst den Geist in schroffen Gegensätzen.

Dies hatt' ich scheidend noch an dich zu richten,
　Du packe nun zu deinen andern Schätzen
　Auch diesen Schatz von närrischen Gedichten!

VI.
An Schelling.
Bei demselben Anlasse.

Gebeut nicht auch im Königreich des Schönen,
　　Wer immer König ist im Reich des Wahren?
　　Du siehst sie beide sich im Höchsten paaren,
　　Gleich in einander wie verlornen Tönen.

Du wirst die kleine Gabe nicht verhöhnen,
　　Wirst diese morgenländisch bunten Schaaren
　　In ihrer Bilderfülle gern gewahren,
　　Und gerne dich an ihren Klang gewöhnen.

Zwar auf den Blüten eines fernen Landes
　　Schweb' ich nur flüchtig, gleich dem Schmetterlinge,
　　Vielleicht genießend eines eitlen Tandes.

Du aber tauchst die heil'ge Bienenschwinge
　　Herab vom Saum des Weltenblumenrandes
　　In das geheimnißvolle Wie der Dinge.

VII.

Nach langer Arbeit glücklichem Vollbringen
　　Mit süßem Nichts die Tage zu verträumen,
　　Bei jedem flüchtigen Genuß zu säumen,
　　Am Großen sich ergötzend und Geringen;

Aus edlen Dichtern einen Vers zu singen,
　　Gestreckt ins Gras, wo laute Quellen schäumen,
　　An Rosenhecken, unter Lindenbäumen
　　Das Leben unbesorgt dahin zu bringen:

Im Mai die Stirn mit jungem Laub zu krönen,
　　Die lauen Nächte, bis es wieder taget,
　　Durch Weingenuß und Liebe zu verschönen:

Dies ist, und wenn mich auch darob verklaget
　　Ein Sittenrichter, der es will verpönen,
　　Das Einzige, was meinem Sinn behaget.

VIII.

Wenn du vergeſſen kannſt· und kannſt entſagen,
So biſt du mir der Glückliche hienieden;
Dir iſt ein leichter Lebenskampf beſchieden,
Wenn du verlierſt, beginnſt du neu zu wagen.

Und wenn du haſt Treuloſigkeit ertragen,
Als, die du liebteſt, dich gehaßt, vermieden,
Und doch im Herzen nie verlorſt den Frieden,
Dann iſt die Zeit dir voll von ſchönen Tagen!

Wenn jede Trennung du mit Muth verſchmerzeſt,
Und wenn, da kaum ein Liebchen dich verlaſſen,
Du ſchon ein andres voll Verlangen herzeſt:

Dann weißt du, traun! dich in die Welt zu faſſen;
Das Leben ſtürmt und wüthet, doch du ſcherzeſt,
Mit ſanftem Hauch bewegend ſchwere Maſſen.

IX.

Was will ich mehr, als flüchtig dich erblicken?
Was wär' ich, trüg' ich heißeres Verlangen?
In welche Netze würd' ich, wenn ich hangen
An deinem Auge bliebe, mich verſtricken!

Was will ich mehr noch, als ein eilig Nicken?
Es würden deine Worte mich befangen:
Vom Schützen wird ein Vogel raſch umgangen,
Wenn mehr er will als an der Kirſche picken.

Wol mögen Reize, die ſo ganz dein eigen,
Den Wunſch der Sehnſucht in den Andern wecken,
Sich dir zu nahn und dir ein Herz zu zeigen.

Ich werde nur, wenn Jene ſich entdecken,
Vor deiner Schönheit huldigend mich neigen,
Nicht eine Sylbe ſoll dein Ohr erſchrecken!

X.

Wer hätte nie von deiner Macht erfahren?
Wer hätte je dich anzuschaun bereuet?
Wie viele Reize liegen hingestreuet
Auf diesen Wangen, diesen schönen Haaren!

Du bist so zart, du bist so jung an Jahren,
Durch jede Huldigung des Glücks erfreuet;
Doch wer die List in deinem Busen scheuet,
Der mag vor dir sich Tag und Nacht bewahren!

Noch prahlt ein Baum mit manchem frischen Aste,
Die Blätter bilden noch geräum'ge Lauben,
Da schon Zerstörung wüthet unterm Baste.

Doch soll mir frostige Betrachtung rauben
Den süßen Schatten, unter dem ich raste?
Nein, deine Schönheit fodert blinden Glauben!

XI.

Wie schwillt das Herz von seligem Genügen,
Sobald ein Blick, der lange trüb umnachtet,
Verächtlich uns und blinzelnd nur betrachtet,
Zuletzt voll Milde ruht auf unsern Zügen!

Wär's Zufall, oder willst du mich betrügen?
Hast du vielleicht mich deiner werth erachtet?
Wenn, Augen, ihr mir nicktet oder lachtet,
Dann wollt' ich stets mich euch als Sklave fügen!

O gib Gewißheit, wo nur Zweifel waltet,
Laß länger nicht mich hin und wieder schwanken,
Weil oft im Zweifel das Gemüth erkaltet!

Nicht schwer zu helfen ist gewissen Kranken:
Ein einz'ger Wink, ein Händedruck entfaltet
Uns Millionen liebender Gedanken.

XII.

Was kann die Welt für unser Glück empfinden,
Die kalte Welt mit ihrem falschen Treiben?
Kann sie es fesseln oder es vertreiben?
Kann sie uns trennen oder uns verbinden?

Wir sehn die Dinge rings um uns verschwinden,
Als Dinge, die die Liebe nur umschreiben,
Verborgen muß die wahre Liebe bleiben,
Kein Dritter darf zu dir und mir sich finden.

Sie, die uns wandeln sehn im bunten Schwarme,
Nicht ahnen sollen sie, daß in der Stille
Wir uns verzehren im verliebten Harme.

Vergessen will ich jede fremde Grille,
Wenn dich umschlingen meine frohen Arme,
Und dir allein beugt sich mein Eigenwille.

XIII.

Des Glückes Gunst wird nur durch dich vergeben,
Schön ist die Rose nur, von dir gebrochen,
Und ein Gedicht nur schön, von dir gesprochen:
Todt ist die Welt, du bist allein am Leben.

In diesen Lauben, die sich hold verweben,
Wird ohne dich mir jeder Tag zu Wochen,
Und dieser Wein, den warme Sonnen kochen,
Kann nur aus deiner Hand mein Herz beleben.

Von dir geschieden, trenn' ich mich vom Glücke,
Das Schönste dient mir nur, mich zu zerstreuen,
Das Größte füllt mir kaum des Innern Lücke.

Doch drückst du mich an deine Brust, den Treuen,
Dann kehrt die Welt in meine Brust zurücke,
Und am Geringsten kann ich mich erfreuen.

XIV.

Wer in der Brust ein wachsendes Verlangen
Nach schönen Augen fühlt und schönen Haaren,
Den mahn' ich ab, der nur zu viel erfahren
Von Schmerz und Qual durch eitles Unterfangen.

Dem jähen Abgrund nur mit Noth entgangen,
Was blieb mir aus unendlichen Gefahren?
Im Aug' die Spur von hingeweinten Jahren,
Und in der Brust ein ungeheures Bangen.

Naht nicht der jähen Tiefe, junge Herzen!
Des Ufers Lilien glühn von falschem Feuer,
Denn ach, sie locken in das Meer der Schmerzen!

Nur Jenen ist das Leben schön und theuer,
Die frank und ungefesselt mit ihm scherzen,
Und ihnen ruft ein Gott: Die Welt ist euer.

XV.

Dich oft zu sehen, ist mir nicht beschieden,
Und ganz versagt ist mir, zu dir zu kommen,
Dir selten zu begegnen und beklommen
Dich anzuschaun, das ist mein Loos hienieden.

Doch von dir träumen, dichten, Plane schmieden,
Um dir zu nahn, das ist mir unbenommen,
Das soll, so lang es frommen will, mir frommen,
Und mit so Wen'gem stell' ich mich zufrieden.

Denn ach! ich habe Schlimmeres ertragen,
Als dieses Schlimme jetzt, und duld' ergeben,
Statt heft'ger Qual, ein süßes Mißbehagen.

Mein Wunsch bei Andern zeugte Widerstreben:
Du hast ihn nicht erhört, doch abgeschlagen
Hast du ihn auch nicht, o mein süßes Leben!

XVI.

Nicht aus Begier und aus Genuß gewoben
　War unfre Liebe, nicht in Staub versunken:
　Nur deiner Schönheit lebt' ich wonnetrunken,
　Und gütig warst du, gleich den Engeln oben.

Du hattest mich zu dir emporgehoben,
　In deinem Auge schwamm ein lichter Funken,
　Der Farben schuf, den Pinsel drein zu tunken,
　Den reine Dichterhände Gott geloben.

Nun, da ich fern von dir den Tag verbringe,
　Erscheinst du der Bewunderung noch reiner,
　Je mehr im Geist ich deinen Werth durchdringe.

Ja, immer sehnsuchtsvoller denk' ich deiner,
　Und legt die Welt mir auch so manche Schlinge,
　Du sollst mich nie gefangen sehn in einer.

XVII.
An Schelling.

Wie sah man uns an deinem Munde hangen,
　Und lauschen Jeglichen auf seinem Sitze,
　Da deines Geistes ungeheure Blitze
　Wie Schlag auf Schlag in unsre Seele drangen!

Wenn wir zerstückelt nur die Welt empfangen,
　Siehst du sie ganz, wie von der Berge Spitze;
　Was wir zerpflückt mit unserm armen Witze,
　Das ist als Blume vor dir aufgegangen.

Noch sieht man Thoren zwar, erbost dagegen,
　Mit logischen Tiraden überkleistern
　Der Geistesarmuth Eier, die sie legen;

Doch dieses Völkchen, das dich wähnt zu meistern,
　Nie wird's die Welt der Wissenschaft bewegen,
　Und einen Dichter wird es nie begeistern.

8

XVIII.

Venedig.

Mein Auge ließ das hohe Meer zurücke,
   Als aus der Flut Palladio's Tempel stiegen,
   An deren Staffeln sich die Wellen schmiegen,
Die uns getragen ohne Falsch und Tücke.

Wir landen an, wir danken es dem Glücke,
   Und die Lagune scheint zurück zu fliegen,
   Der Dogen alte Säulengänge liegen
Vor uns gigantisch mit der Seufzerbrücke.

Venedigs Löwen, sonst Venedigs Wonne,
   Mit ehrnen Flügeln sehen wir ihn ragen
   Auf seiner kolossalischen Colonne.

Ich steig' ans Land, nicht ohne Furcht und Zagen,
   Da glänzt der Markusplatz im Licht der Sonne:
   Soll ich ihn wirklich zu betreten wagen?

XIX.

Dies Labyrinth von Brücken und von Gassen,
   Die tausendfach sich ineinander schlingen,
   Wie wird hindurchzugehn mir je gelingen?
Wie werd' ich je dies große Räthsel fassen?

Ersteigend erst des Markusthurms Terrassen,
   Vermag ich vorwärts mit dem Blick zu dringen,
   Und aus den Wundern, welche mich umringen,
Entsteht ein Bild, es theilen sich die Massen.

Ich grüße dort den Ocean, den blauen,
   Und hier die Alpen, die im weiten Bogen
   Auf die Laguneninseln niederschauen.

Und sieh! da kam ein muth'ges Volk gezogen
   Paläste sich und Tempel sich zu bauen
   Auf Eichenpfähle mitten in die Wogen.

XX.

Wie lieblich ist's, wenn sich der Tag verkühlet,
　Hinaus zu sehn, wo Schiff und Gondel schweben,
　Wenn die Lagune, ruhig, spiegeleben,
　In sich verfließt, Venedig sanft umspület!

Ins Innre wieder dann gezogen fühlet
　Das Auge sich, wo nach den Wolken streben
　Palast und Kirche, wo ein lautes Leben
　Auf allen Stufen des Rialto wühlet.

Ein frohes Völkchen lieber Müßiggänger,
　Es schwärmt umher, es läßt durch nichts sich stören,
　Und stört auch niemals einen Grillenfänger.

Des Abends sammelt sich's zu ganzen Chören,
　Denn auf dem Markusplatze will's den Sänger,
　Und den Erzähler auf der Riva hören.

XXI.

Nun hab' ich diesen Taumel überwunden,
　Und irre nicht mehr hier und dort ins Weite,
　Mein Geist gewann ein sicheres Geleite,
　Seitdem er endlich einen Freund gefunden.

Dir nun, o Freund, gehören meine Stunden,
　Du gabst ein Ziel mir nun, wonach ich schreite,
　Nach dieser eil' ich oder jener Seite,
　Wo ich, dich anzutreffen, kann erkunden.

Du winkst mir zu von manchem Weihaltare,
　Dein Geist ist ein harmonisches Bestreben,
　Und deine sanfte Seele liebt das Wahre.

O welch ein Glück, sich ganz dir hinzugeben,
　Und, wenn es möglich wäre, Jahr' um Jahre
　Mit deinen Engeln, Gian Bellin, zu leben!

XXII.

Venedig liegt nur noch im Land der Träume,
    Und wirft nur Schatten her aus alten Tagen,
    Es liegt der Leu der Republik erschlagen,
    Und öde feiern seines Kerkers Räume.

Die ehrnen Hengste, die durch salz'ge Schäume
    Dahergeschleppt, auf jener Kirche ragen,
    Nicht mehr dieselben sind sie, ach sie tragen
    Des korsikan'schen Ueberwinders Zäume.

Wo ist das Volk von Königen geblieben,
    Das diese Marmorhäuser durfte bauen,
    Die nun verfallen und gemach zerstieben?

Nur selten finden auf der Enkel Brauen
    Der Ahnen große Züge sich geschrieben,
    An Dogengräbern in den Stein gehauen.

XXIII.

Erst hab' ich weniger auf dich geachtet,
    O Tizian, du Mann voll Kraft und Leben!
    Jetzt siehst du mich vor deiner Größe beben,
    Seit ich Mariä Himmelfahrt betrachtet!

Von Wolken war mein trüber Sinn umnachtet,
    Wie deiner Heil'gen sie zu Füßen schweben:
    Nun seh' ich selbst dich gegen Himmel streben,
    Wonach so brünstiglich Maria trachtet!

Dir fast zur Seite zeigt sich Porbenone:
    Ihr wolltet lebend nicht einander weichen,
    Im Tode hat nun jeder seine Krone!

Verbrübert mögt ihr noch die Hände reichen
    Dem treuen, vaterländischen Giorgione,
    Und jenem Paul, dem wen'ge Maler gleichen!

XXIV.

Es scheint ein langes, ew'ges Ach zu wohnen
In diesen Lüften, die sich leise regen,
Aus jenen Hallen weht es mir entgegen,
Wo Scherz und Jubel sonst gepflegt zu thronen.

Venedig fiel, wiewol's getrotzt Aeonen,
Das Rad des Glücks kann nichts zurückbewegen:
Oed' ist der Hafen, wen'ge Schiffe legen
Sich an die schöne Riva der Sclavonen.

Wie hast du sonst, Venetia, geprahlet
Als stolzes Weib mit goldenen Gewändern,
So wie dich Paolo Veronese malet!

Nun steht ein Dichter an den Prachtgeländern
Der Riesentreppe staunend und bezahlet
Den Thränenzoll, der nichts vermag zu ändern!

XXV.

Ich fühle Woch' auf Woche mir verstreichen,
Und kann mich nicht von dir, Venedig, trennen,
Hör' ich Fusina, hör' ich Mestre nennen,
So scheint ein Frost mir durch die Brust zu schleichen.

Stets mehr empfind' ich dich als ohne Gleichen,
Seit mir's gelingt dich mehr und mehr zu kennen:
Im Tiefsten fühl' ich meine Seele brennen,
Die Großes sieht und Großes will erreichen.

Welch eine Fülle wohnt von Kraft und Milde
Sogar im Marmor hier, im spröden, kalten,
Und so in manchem tiefgefühlten Bilde!

Doch um noch mehr zu fesseln mich, zu halten,
So mischt sich unter jene Kunstgebilde
Die schönste Blüte lebender Gestalten.

XXVI.

Hier wuchs die Kunst wie eine Tulipane,
  Mit ihrer Farbenpracht dem Meer entstiegen,
  Hier scheint auf bunten Wolken sie zu fliegen,
  Gleich einer zauberischen Fee Morgane.

Wie seid ihr groß, ihr hohen Tiziane,
  Wie zart Bellin, bal Piombo wie gebiegen,
  Und o wie lernt sich ird'scher Schmerz besiegen
  Vor Paolo's heiligem Sebastiane!

Doch was auch Farb' und Pinsel hier vollbrachte,
  Der Meißel ist nicht ungebraucht geblieben,
  Und manchen Stein durchbringt das Schöngedachte:

Ja, wen es je nach San Giulian getrieben,
  Damit er dort des Heilands Schlaf betrachte,
  Der muß den göttlichen Campagna lieben!

XXVII.

Ihr Maler führt mich in das ew'ge Leben,
  Denn euch zu missen könnt' ich nicht ertragen,
  Noch dem Genuß auf ew'ge Zeit entsagen,
  Nach eurer Herrlichkeit emporzustreben!

Um Gottes eigne Glorie zu schweben
  Vermag die Kunst allein und darf es wagen,
  Und wessen Herz Vollendetem geschlagen,
  Dem hat der Himmel weiter nichts zu geben!

Wer wollte nicht den Glauben aller Zeiten,
  Durch alle Länder, alle Kirchensprengel
  Des Schönen Evangelium verbreiten:

Wenn Palma's Heil'ge mit dem Palmenstengel,
  Und Paolo's Alexander ihn begleiten,
  Und Tizians Tobias mit dem Engel?

XXVIII.

Zur Wüste fliehend vor dem Menschenschwarme,
  Steht hier ein Jüngling, um zu reinern Sphären
  Durch Einsamkeit die Seele zu verklären,
  Die hohe, großgestimmte, gotteswarme.

Voll von Begeisterung, von heil'gem Harme
  Erglänzt sein ew'ger, ernster Blick von Zähren,
  Nach Jenem, den Maria soll gebären,
  Scheint er zu deuten mit erhobnem Arme.

Wer kann sich weg von diesem Bilde kehren,
  Und möchte nicht, mit brünstigen Geberden,
  Den Gott im Busen Tizians verehren?

O goldne Zeit, die nicht mehr ist im Werden,
  Als noch die Kunst vermocht' die Welt zu lehren,
  Und nur das Schöne heilig war auf Erden!

XXIX.

Hier seht ihr freilich keine grünen Auen,
  Und könnt euch nicht im Duft der Rose baden;
  Doch was ihr saht an blumigern Gestaden,
  Vergeßt ihr hier und wünscht es kaum zu schauen.

Die stern'ge Nacht beginnt gemach zu thauen,
  Und auf den Markus Alles einzuladen:
  Da sitzen unter herrlichen Arkaden,
  In langen Reih'n, Venedigs schönste Frauen.

Doch auf des Platzes Mitte treibt geschwinde,
  Wie Canaletto das versucht zu malen,
  Sich Schaar an Schaar, Musik verhaucht gelinde.

Indessen wehn, auf ehrnen Piedestalen,
  Die Flaggen dreier Monarchien im Winde,
  Die von Venedigs altem Ruhme strahlen.

XXX.

Weil da, wo Schönheit waltet, Liebe waltet,
    So dürfte Keiner sich verwundert zeigen,
    Wenn ich nicht ganz vermöchte zu verschweigen,
    Wie deine Liebe meine Seele spaltet.

Ich weiß, daß nie mir dies Gefühl veraltet,
    Denn mit Venedig wird sich's eng verzweigen:
    Stets wird ein Seufzer meiner Brust entsteigen
    Nach einem Lenz, der sich nur halb entfaltet.

Wie soll der Fremdling eine Gunst dir danken,
    Selbst wenn dein Herz ihn zu beglücken dächte,
    Begegnend ihm in zärtlichen Gedanken?

Kein Mittel gibt's, das mich dir näher brächte,
    Und einsam siehst du meine Tritte wanken
    Den Markus auf und nieder alle Nächte.

XXXI.

Wenn tiefe Schwermuth meine Seele wieget,
    Mag's um die Buden am Rialto flittern:
    Um nicht den Geist im Tande zu zersplittern,
    Such' ich die Stille, die den Tag besieget.

Dann blick' ich oft, an Brücken angeschmieget,
    In öde Wellen, die nur leise zittern,
    Wo über Mauern, welche halb verwittern,
    Ein wilder Lorbeerbusch die Zweige bieget.

Und wann ich, stehend auf versteinten Pfählen,
    Den Blick hinaus ins dunkle Meer verliere,
    Dem fürder keine Dogen sich vermählen:

Dann stört mich kaum im schweigenden Reviere,
    Herschallend aus entlegenen Kanälen,
    Von Zeit zu Zeit ein Ruf der Gondoliere. 5

XXXII.
An Winckelmann.

Wenn ich der Frömmler Gaukelei'n entkommen,
So sei der Dank dafür an dich gewendet:
Wol fand dein Geist, was nie beginnt noch endet,
Doch fand er's nicht im Predigtbuch der Frommen.

Dir ist das Licht des Göttlichen entglommen
Im Werk der Heiden, die es reich gespendet;
Denn himmlisch ist, was immer ist vollendet,
Und Christus selbst gebietet: Seid vollkommen!

Zwar möchten gern gewisse schwarze Röcke
Den Geist verwickeln, der sich will befreien,
Wo nicht, uns stellen in die Zahl der Böcke.

Doch laßt nur ab, die Heiden zu beschreien!
Wer Seelen hauchen kann in Marmorblöcke,
Der ist erhaben über Litaneien.

XXXIII.
An Jean Paul.

So oft ich sonst mich trug mit deinem Bilde,
Bereut' ich, daß ich meine Pflicht verschoben,
Und nie zu dir ein Wort des Danks erhoben
Für deine seelenvolle Lieb' und Milde.

Nun hat der Tod mit seinem Gorgoschilde
Den Blick erstarrt, der gern geschaut nach oben,
Und was ich Freundliches für dich gewoben,
Send' ich dir nach in fremdere Gefilde.

Es hat den Jüngling deine Gunst belebet,
Dir galt für künft'ge Glut der erste Zunder,
Auf dem noch kaum ein Funke schwach gebebet.

Nun weilt dein ewig wonniger, gesunder,
Verjüngter Geist, wohin er stets geschwebet,
Im überschwänglichen Gebiet der Wunder.

XXXIV.

An Rückert.

Kaum noch verschlang ich deines Buchs ein Drittel,
Das von der Kunst Hariri's zeugt und deiner,
Und schon erschein' ich der Entzückten einer,
Der's ohne Hehl bestaunt und ohne Krittel.

Wenn das Genie so ganz auf eigne Mittel
Die Welt durchbetteln muß, bewährt sich's reiner,
Als je, vergöttlichter und ungemeiner,
Wenn auch verkappt in einen Gaunerkittel.

Mit einem Andern aber soll ich losen,
So willst du, statt zu schicken uns ein Pärchen,
Um deines Abu Seids Metamorphosen?

Darüber wachse mir kein graues Härchen:
Nie trenn' ich mich von deinem Virtuosen,
Drum sende lieber noch ein Exemplärchen!

XXXV.

Wer möchte sich um einen Kranz bemühen,
Den unsre Zeit, die feile Modedirne,
Geschäftig flicht für jede flache Stirne,
Aus Blumen flicht, die zwo Secunden blühen?

Wer wollte noch für das Vollkommne glühen,
Wo man willkommen ist mit leerem Hirne?
Wer wollte fliegen gegen die Gestirne,
Wo Funken blos aus faulem Holze sprühen?

Gereimten Aberwitzes Propaganden,
Fahrt ruhig fort, euch wechselseits zu preisen,
Und stellt euch nur, als wär' ich nicht vorhanden!

Ein Zeitungsblatt ist leider nicht von Eisen,
Und wenn posaunt ihr seid in allen Landen,
Eins fehlt euch doch — es ist das Lob der Weisen.

XXXVI.

Anstimmen darf ich ungewohnte Töne,
  Da nie dem Halben ich mein Herz ergeben:
  Der Kunst gelobt' ich ganz ein ganzes Leben,
  Und wenn ich sterbe, sterb' ich für das Schöne.

Doch wünscht' ich, daß man Bessere bekröne,
  Mich aber ziehen lasse, wo ich neben
  Dem Höchsten lernen kann nach Hohem streben,
  Ja, daß man mir mein Vaterland verpöne!

Ich lieb' es drum in keinem Sinne minder,
  Da stets ich mich in seinem Dienst verzehre,
  Doch wär' ich gern das fernste seiner Kinder.

Geschieht's, daß je den innern Schatz ich mehre,
  So bleibt der Fund, wenn längst dahin der Finder,
  Ein sichres Eigenthum der deutschen Ehre.

XXXVII.

Wie's auch die Tadler an mir tadeln mögen,
  Ich halte nie der Seele Muth in Schranken:
  Was wären wir, mit denen Alle zanken,
  Wenn wir uns selbst das bischen Ruhm entzögen?

Soll bergen ich mein innerstes Vermögen,
  Was ich empfinde zu bekennen schwanken?
  Ich schämte mich der eigenen Gedanken,
  Wenn sie, wie Schwalben, an der Erde flögen.

Hienieden lohnt's der Mühe nicht, zu zagen,
  Und wahr und frei zu sprechen kleidet Jeden,
  Da bald wir Alle ruhn in Sarkophagen.

Es werden Spätre meinen Geist in Eden
  Beschwören und entschuldigen und sagen:
  Er dachte groß, wie konnt' er kleinlich reden?

XXXVIII.

Nie hat ein spätres Bild dein Bild vernichtet,
Das fühlt' ich stets vielleicht, und fühl' es heute,
Da sich's nach langen Jahren mir erneute,
Nachdem ich manchen Wahn der Welt gesichtet.

O Zeit, in der ich noch für dich gedichtet,
Was, außer mir, sich keiner Leser freute!
Noch war mein Name nicht der Welt zur Beute,
Die selten fühlt und oft so lieblos richtet!

Noch unbekannt mit meinen eignen Trieben,
Zu ernst, zu schüchtern, allzusehr verschlossen,
Bin ich dir fremd durch eigne Schuld geblieben.

Da wieder nun ich deines Blicks genossen,
Empfind' ich wieder jenen Drang, zu lieben;
Doch meine schönste Jugend ist verflossen.

XXXIX.

Wann werd' ich dieses Bangen überwinden,
Das mich befällt in deiner lieben Nähe?
Wohin ich geh' und mit den Blicken spähe,
Da hoff' ich dich und fürchte dich zu finden.

Wie kann ich Furcht vor dir, o Freund, empfinden,
Den ich so gern an meinem Busen sähe?
Erkläre du mir, was so schnell und jähe
Das Blut mir hemmt, den Geist vermag zu binden?

Ist es die Sorge, daß dein Herz mir schweiget,
Daß ich an Klippen deines Stolzes strande,
Der als der Liebe größter Feind sich zeiget?

Ist es die Göttlichkeit so süßer Bande,
Da stets die Liebe, wie vor Gott, sich neiget
Mit heil'ger Furcht vor ihrem Gegenstande?

XL.

Auch du betrügst mich, da von allen Seiten
Ich mich betrogen weiß und hintergangen,
Du füllst mein Herz mit brennendem Verlangen,
Und meinen Gaumen an mit Bitterkeiten.

Was nur dem Feinde mag der Feind bereiten,
Hab' ich von dir als Freundeslohn empfangen,
Ich aber lasse deinen Namen prangen,
Und überliefre dich dem Lob der Zeiten.

Bei diesem Thau, der mir im Auge flimmert,
Noch geb' ich deine Liebe nicht verloren,
Wie sehr dein Herz sich gegen mich verschlimmert!

Dich hat zum Spiegel sich der Lenz erkoren,
Die Jugend lacht auf deiner Stirn und schimmert
Wie ein Gemisch von Sonnen und Auroren!

XLI.

Wenn auch getrennt die Geister sind, zu dringen
Vermag der Geist zum Geist, indem er denket;
Wenn meine Seele sich in dich versenket,
So mein' ich, müßt' es dir im Ohre klingen.

Besäße nicht der Gott der Liebe Schwingen,
Er hätte nie zum Himmel sie gelenket,
Und wenn dein Herz er mir im Traume schenket,
Von wem als dir vermag er mir's zu bringen?

Wenn du mich liebst, so will ich gern ertragen,
Dir fern zu sein, weil ich zu gut verstehe,
Was unsre Seelen ohne Laut sich klagen.

Allein so lang ich noch in Zweifel stehe,
Und gerne möchte deine Blicke fragen,
Acht' ich Entfernung als das größte Wehe.

XLII.

Du liebst und schweigst! O hätt' auch ich geschwiegen,
Und meine Blicke nur an dich verschwendet!
O hätt' ich nie ein Wort dir zugewendet,
So müßt' ich keinen Kränkungen erliegen!

Doch diese Liebe möcht' ich nie besiegen,
Und weh dem Tag, an dem sie frostig endet!
Sie ward aus jenen Räumen uns gesendet,
Wo selig Engel sich an Engel schmiegen.

Drum laß des Wahns mich, daß du liebst, mich freuen,
Damit die Seele nicht mir ganz veröde,
Und meinen Glauben möge Nichts zerstreuen!

O Glück, verweigre nicht mir allzuschnöde
Den Tag, an welchem seinem Vielgetreuen
Die ganze Seele zeigt der schöne Spröde!

XLIII.

Wenn einen Freund du suchst fürs ganze Leben,
Der dich durch Freude soll und Schmerz geleiten,
So wähle mich, du findest keinen zweiten,
Und keinen fähigern, sich hinzugeben.

Zwar kann er nicht, wie du, ein Wonneleben
Durch seine Schönheit um sich her verbreiten:
Doch Alle horchen gern den Lieblichkeiten,
Die ihm begeistert auf der Lippe schweben.

Ich fürchte nur, es möchte dich erbittern,
Wenn ich mir selbst so hohes Lob verstatte,
Blos um vor dir in falschem Glanz zu flittern;

Sonst würd' ich sagen, daß auf diese glatte,
Noch junge Stirn, mit ungewissem Zittern,
Der Schatten fällt von einem Lorbeerblatte.

XLIV.

O süßer Lenz, beflügle deine Schritte,
 Komm früher diesmal, als du pflegst zu kommen!
 Du bist ein Arzt, wenn unsre Brust beklommen,
 Ein milder Arzt von immer sanfter Sitte!

O könnt' ich schon in deiner Blumen Mitte,
 Wann kaum der Tag am Horizont entglommen,
 Bis er in's Abendroth zuletzt verschwommen,
 Von Träumen leben, ohne Wunsch und Bitte!

Wann deine helle Sonne flammt im Blauen,
 Würd' ich, in's Gras gestreckt, nach oben blicken,
 Und würde glauben, meinen Freund zu schauen!

Geblendet würde dann mein Auge nicken,
 Ich würde schlummern bis die Sterne thauen,
 Und mich im Schlaf an seinem Bild erquicken!

XLV.

Um meinen Schmerz im Stillen zu verwinden,
 Such' ich nach günst'gem Ort und günst'ger Stunde;
 Doch schwebt dein Bild mir stets im Hintergrunde,
 Indeß die nähern Dinge schnell verschwinden.

Geselligkeit vermag mich nicht zu binden,
 Und Einsamkeit ertragen blos Gesunde:
 Denk' ich, so schärft des Denkens Pfeil die Wunde,
 Und schweif' ich müßig, klag' ich es den Winden.

Und soll ich je von dieser Pein genesen,
 So werde mir, so zeige dich gewogen,
 Denn du nur fehlst dem Herzen, theures Wesen!

Ich liebte manchen Freund und ward betrogen;
 Doch mag die Welt in diesen Blättern lesen,
 Daß ich dich allen Andern vorgezogen.

XLVI.

Schön wie der Tag und lieblich wie der Morgen,
  Mit edler Stirn, mit Augen voll von Treue,
  An Jahren jung und reizend wie das Neue,
So fand ich dich, so fand ich meine Sorgen.

O wär' ich schon an deiner Brust geborgen,
  Wo ich mich sammle, wenn ich mich zerstreue!
  O wäre schon bezwungen diese Scheue,
  Die unsern Bund vertagt von heut auf morgen!

Was fliehst du mich? Vermagst du mich zu hassen?
  Was quälst du so durch deiner Huld Verschweigung
  Den Liebevollen, der sich fühlt verlassen?

Beim ersten Zeichen deiner künft'gen Neigung
  Wird eine bange Wonne mich erfassen,
  Wie einen Fürsten bei der Thronbesteigung.

XLVII.

Es sei gesegnet, wer die Welt verachtet,
  Denn falscher ist sie, als es Worte malen:
  Sie sammelt grausam unsern Schmerz in Schalen,
  Und reicht zum Trunk sie, wenn wir halb verschmachtet

Mir, den als Werkzeug immer sie betrachtet,
  Mir preßt Gesang sie aus mit tausend Qualen,
  Läßt ihn vielleicht durch ferne Zeiten strahlen,
  Ich aber werd' als Opferthier geschlachtet.

O ihr, die ihr beneidet mein Leben,
  Und meinen glücklichen Beruf erhobet,
  Wie könnt in Irrthum ihr so lange schweben?

Hätt' ich nicht jedes Gift der Welt erprobet,
  Nie hätt' ich ganz dem Himmel mich ergeben,
  Und nie vollendet, was ihr liebt und lobet.

XLVIII.

Qualvolle Stunden haſt du mir bereitet,
　Die aber nie an dir der Himmel räche,
　Sonſt müßten fließen deine Thränenbäche,
　Wenn von der Lippe dir mein Name gleitet.

Doch bis Gewißheit jeden Wahn beſtreitet,
　Will gern ich dich, und thät' ich es aus Schwäche,
　Vertheid'gen, Freund! von auf der Oberfläche
　Geſchöpften Zufallsgründen nie verleitet.

Zwar würd' ich kaum dir zum Vertheid'ger taugen,
　Doch ſtets bedienſt du dich als deiner beiden
　Fürſprecher liſtig meiner beiden Augen:

So lang ſie ſich an deinem Blicke weiden,
　So müſſen Liebe ſie aus ihm ſich ſaugen,
　Du aber lies in ihrem Blick mein Leiden!

XLIX.

Bewunderung, die Muſe des Geſanges,
　Gebeut mir ſtets, daß ich das Höchſte preiſe:
　Drum rühm' ich Künſtler, Fürſten, Frau'n und Weiſe,
　Dem Zuge folgend eines großen Hanges.

Dich nenn' ich nun die Seele dieſes Dranges,
　Den ſonn'gen Gipfel meiner Lebensreiſe,
　Den Mittelpunkt, um den ich lobend kreiſe,
　Beſtrickt vom Schwindel des Planetenganges.

Doch wenn vor Liebe deine Worte beben,
　O ſo verleihſt du, Freund! mir mehr in dieſen,
　Als meiner Kunſt beſchieden iſt zu geben.

Zwar hat auch dir die Welt ſich hold erwieſen;
　Denn ſchöner ſtirbt ein Solcher, den im Leben
　Ein unvergänglicher Geſang geprieſen.

L.

Wenn ich so viele Kälte dir verzeihe,
 Geschieht's, indem ich bei mir selber sage:
 Er weiß ja nicht, wie sehr ich meiner Tage
 Zufriedenheit an seinen Namen reihe!

Er weiß ja nicht, wie sehr ich ihm verleihe,
 Was Liebevolles ich im Herzen trage,
 Was gerne theilt des Lebens Lust und Plage,
 Ja, was dem Leben gibt die höchste Weihe!

Du weißt es nicht, und soll ich dir's beschwören?
 O nein! Ich wage kaum, mit dir zu sprechen,
 Um nicht den Traum, der mich beglückt, zu stören.

Wie sehr mich Schönheit auch und Reiz bestechen,
 So fürcht' ich doch, sie könnten mich bethören,
 Es könnte doch an Liebe dir gebrechen!

LI.

Entschuldigungen wirst du kaum bedürfen,
 Wenn du mich liebst; es kann dich nicht erniedern;
 Verlieren würden in der Gunst der Biedern,
 Die meine Gunst mir vor die Füße würfen.

Ich würde viele Freunde zählen dürfen,
 Wenn ich die Freundschaft Aller könnt' erwiedern,
 Auch der Entfernten, welche blos aus Liedern
 Die ganze Flamme meiner Seele schlürfen.

Ein warmes Herz, und wenn auch du mit herben,
 Gehässigen Geschossen nach ihm zielest,
 Muß doch sich manchen warmen Freund erwerben!

Du aber, der du jetzt den Harten spielest,
 Laß einst mich nur an deinem Busen sterben,
 Und schließ ein Auge, dem du wohlgefielest!

LII.

Du prüfst mich allzuhart. Von deiner Senne
  Kommt Pfeil auf Pfeil in meine Brust geflogen.
  Du hast mir mehr als Einen vorgezogen,
  Den ich als Körper ohne Seele kenne.

Doch während ich in deiner Flamme brenne,
  Bekämpf' ich stets in mir die stürm'schen Wogen,
  Damit ich zürnend nicht und oft betrogen
  Mit einem bittern Namen dich benenne!

O nein, Geliebter! Keine Klage schände,
  Von schwarzem Unmuth weibisch hingerissen,
  Den liebenswürdigsten der Gegenstände!

Wenn meiner Freundschaft nie du dich beflissen,
  War mein die Schuld: man beut ja nicht die Hände
  Zum Bunde blos, man muß zu fesseln wissen.

LIII.

Man schilt mich stolz, doch hat mich's nie verdrossen,
  Daß ich so wenig dir gefallen habe;
  Denn deine blonde Jugend, süßer Knabe,
  Verschmäht den melancholischen Genossen.

So will in Scherz ich mich ergehn, in Possen,
  Anstatt ich jetzt mich blos an Thränen labe,
  Und um der Fröhlichkeit mir fremde Gabe
  Hab' ich den Himmel anzuflehn beschlossen.

Zwar dank' ich viel dem wohlgelaunten Glücke,
  Von dem ich mehr, als ich verdient, empfangen,
  Doch nichts, wodurch ich meinen Freund entzücke:

Wer aber gäbe mir die vollen Wangen
  Der ersten Jugend und den Glanz zurücke,
  Woran allein der Menschen Blicke hangen?

LIV.

Wenn unsre Neider auch sich schlau vereinen,
    Um uns zu hindern und getrennt zu halten,
    Noch zähl' ich nicht dich zum Geschlecht der Kalten,
    Noch geht ein Weg von deinem Blick in meinen.

Doch allzuselten seh' ich dich erscheinen,
    Und wenn ich rings das Auge lasse walten,
    Vermiss' ich stets die liebste der Gestalten,
    Die liebsten Züge fehlen mir, die deinen!

Ermanne dich, und lege nicht die Zäume
    Der Liebe furchtsam in die Hand des Neides,
    Die gern uns schiebe durch entlegne Räume!

Sei ganz du selbst, dann wird die Zeit des Leides
    Verronnen sein, dann werden unsre Träume
    Verkörpert werden. Wir verdienen beides.

LV

Ich möchte, wann ich sterbe, wie die lichten
    Gestirne schnell und unbewußt erbleichen,
    Erliegen möcht' ich einst des Todes Streichen,
    Wie Sagen uns vom Pindaros berichten.

Ich will ja nicht im Leben oder Dichten
    Den großen Unerreichlichen erreichen,
    Ich möcht', o Freund, ihm nur im Tode gleichen;
    Doch höre nun die schönste der Geschichten!

Er saß im Schauspiel, vom Gesang beweget,
    Und hatte, der ermüdet war, die Wangen
    Auf seines Lieblings schönes Knie geleget:

Als nun der Chöre Melodien verklangen,
    Will wecken ihn, der ihn so sanft geheget,
    Doch zu den Göttern war er heimgegangen.

LVI.

Die Liebe scheint der zarteste der Triebe,
　Das wissen selbst die Blinden und die Tauben,
　Ich aber weiß, was wen'ge Menschen glauben,
　Daß wahre Freundschaft zarter ist als Liebe.

Die Liebe wird mit feurigem Betriebe
　Sich in sich selber zu verzehren schnauben;
　Doch meines Freundes kann mich nichts berauben,
　Bis nicht ich selbst in leichten Staub zerstiebe.

Er zeigt mir Kälte nur und Uebelwollen,
　Er spottet mein, er hat mich längst vergessen,
　Doch dacht' ich nie daran, mit ihm zu grollen.

Nie wird er meine Hand in seine pressen,
　Stets aber werd' ich neues Lob ihm zollen,
　Und was man lobt, hat man im Geist besessen.

LVII.

O süßer Tod, der alle Menschen schrecket,
　Von mir empfingst du lauter Huldigungen:
　Wie hab' ich brünstig oft nach dir gerungen,
　Nach deinem Schlummer, welchen nichts erwecket!

Ihr Schläfer ihr, von Erde zugedecket,
　Von ew'gen Wiegenliedern eingesungen,
　Habt ihr den Kelch des Lebens froh geschwungen,
　Der mir allein vielleicht wie Galle schmecket?

Auch euch, befürcht' ich, hat die Welt bethöret,
　Vereitelt wurden eure besten Thaten,
　Und eure liebsten Hoffnungen zerstöret.

Drum selig Alle, die den Tod erbaten,
　Ihr Sehnen ward gestillt, ihr Flehn erhöret,
　Denn jedes Herz zerhackt zuletzt ein Spaten.

LVIII.

Die letzte Hefe soll ich noch genießen,
  Im Schmerzensbecher, den du mir gereichet!
  O wär' ein Kind ich, schnell und leicht erweichet,
  Daß ich in Thränen könnte ganz zerfließen!

Da mich so hart von ihrer Seite stießen,
  Die unermeßlich ich geliebt, erbleichet
  Der letzte Glaube, bittre Kälte schleichet
  In ein Gemüth, das Lieb' und Muth verließen.

O wohl mir, daß in ferne Regionen
  Ich flüchten darf, an einem fernen Strande
  Darf athmen unter gütigeren Zonen!

Wo mir zerrissen sind die letzten Bande,
  Wo Haß und Undank edle Liebe lohnen,
  Wie bin ich satt von meinem Vaterlande!

LIX.

Dies Land der Mühe, dieses Land des herben
  Entsagens werd' ich ohne Seufzer missen,
  Wo man bedrängt von tausend Hindernissen
  Sich müde quält und dennoch muß verderben.

Zwar mancher Vortheil läßt sich hier erwerben,
  Staatswürden, Wohlstand, eine Last von Wissen,
  Und unsre Deutschen waren stets beflissen,
  Sich abzuplagen und geplagt zu sterben.

Ein Solcher darf zu keiner Zeit ermatten,
  Er förbre sich, er schmeichle jeder Mode,
  Und sei dabei, wo Glück und Muth sich gatten.

Mir, der ich blos ein wandernder Rhapsode,
  Genügt ein Freund, ein Becher Wein im Schatten,
  Und ein berühmter Name nach dem Tode.

LX.

Wer wußte je das Leben recht zu fassen,
    Wer hat die Hälfte nicht davon verloren
    Im Traum, im Fieber, im Gespräch mit Thoren,
    In Liebesqual, im leeren Zeitverprassen?

Ja, der sogar, der ruhig und gelassen,
    Mit dem Bewußtsein, was er soll, geboren,
    Frühzeitig einen Lebensgang erkoren,
    Muß vor des Lebens Widerspruch erblassen.

Denn Jeder hofft doch, daß das Glück ihm lache,
    Allein das Glück, wenn's wirklich kommt, ertragen,
    Ist keines Menschen, wäre Gottes Sache.

Auch kommt es nie, wir wünschen blos und wagen:
    Dem Schläfer fällt es nimmermehr vom Dache,
    Und auch der Läufer wird es nicht erjagen.

LXI.

Hier, wo von Schnee der Alpen Gipfel glänzen,
    Gedenk' ich still vergangner Mißgeschicke:
    Zurück nach Deutschland wend' ich kaum die Blicke,
    Ja, kaum noch vorwärts nach Italiens Grenzen.

Vergebens hasch' ich nach geträumten Kränzen.
    Daß ich die Stirne, die mich brennt, erquicke,
    Und Seufzer wehn, die selten ich ersticke,
    Als könnten Seufzer das Gemüth ergänzen!

Wo ist ein Herz, das keine Schmerzen spalten?
    Und wer ans Weltenende flüchten würde,
    Stets folgten ihm des Lebens Truggestalten.

Ein Trost nur bleibt mir, daß ich jeder Bürde
    Vielleicht ein Gleichgewicht vermag zu halten
    Durch meiner Seele ganze Kraft und Würde.

LXII.

Es sehnt sich ewig dieser Geist ins Weite,
Und möchte fürder, immer fürder streben:
Nie könnt' ich lang an einer Scholle kleben,
Und hätt' ein Eden ich an jeder Seite.

Mein Geist, bewegt von innerlichem Streite,
Empfand so sehr in diesem kurzen Leben,
Wie leicht es ist, die Heimat aufzugeben,
Allein wie schwer, zu finden eine zweite.

Doch wer aus voller Seele haßt das Schlechte,
Auch aus der Heimat wird es ihn verjagen,
Wenn dort verehrt es wird vom Volk der Knechte.

Weit klüger ist's, dem Vaterland entsagen,
Als unter einem kindischen Geschlechte
Das Joch des blinden Pöbelhasses tragen.

Oden.

I.
An König Ludwig.

1825.

˘ ˘
— — ˘ ˘ — — ˘ ˘ — —
˘ ˘
— — ˘ ˘ — — ˘ ˘ — —
˘ ˘
— — ˘ — — ˘ — ˘ —
— — ˘ ˘ — ˘ ˘ — ˘ —

Vom Sarg des Vaters richtet das Volk sich auf,
Zu dir sich auf, mit Trauer und Stolz zugleich;
　　Vertraun im Blick, im Munde Wahrheit,
　　　　Schwört es dem Sohne der Wittelsbacher.

Des Thrones glatte Schwelle, wie selbstbewußt,
Wie fest betrittst du sie, wie gereift im Geist!
　　Ja, leichter hebt dein freies Haupt sich,
　　　　Seit die metallene Last ihm zufiel.

Dir schwellt erhabne Güte das Herz, mit ihr,
Was mehr noch frommt als Güte — der tiefe Sinn:
　　Wo dieser Schöpfer mangelt, sehn wir
　　　　Alles zerstückelt und schnell verunglückt.

Dein Auge spähte durch die Vergangenheit,
Es lag das Buch der Zeiten auf deinem Knie,
　　Gedanken pflücktest du, wie Blumen,
　　　　Ueber dem Grabe der deutschen Vorwelt.

Dein Volk, du kennst es. Jeglichem Zeitgeschick,
Das ihm zu Theil ward, fühltest und sannst du nach,
　　Und still, in eigner Brust verheimlicht,
　　　　Trugst du den lachenden Lenz der Zukunft.

Du hast mit uns erlitten den Fluch des Kriegs,
Gezählt die Todesnarben der Jünglinge,
   Die deiner Ahnherrn Strom, der Rhein, sah
     Seelen verhauchen für deutsche Freiheit.

Und nicht umsonst verhauchen, du fühlst es wol!
Nach jenes Cäsars tragischem Untergang,
   Was könnten kleinere Scheindespoten
     Anders erregen, als frostig Lachen?

Du aber theilst die heilige Glut mit uns,
Vor der in Staub sank jener geprüfte Held,
   Und fallen ließest du mit uns ihr
     Eine begeisterte, warme Thräne.

Dem Stein des Rechts, den edelgesinnt und treu
Dein Vater legte, bläsest du Athem ein,
   Du siehst im Marmor keinen Marmor,
     Aber ein künftiges Jovisantlitz.

Allein wie sehr du Wünsche des Tags verstehst,
Nicht horchst du blindlings jedem Geräusch, du nimmst
   Das Scepter, jenem Joseph ungleich,
     Nicht in die weltliche Faust der Neurung.

Ehrfurcht erweckt, was Väter gethan, in dir,
Du fühlst verjährter Zeiten Bedeutsamkeit,
   Ins Wappenschild uralter Sitte
     Fügst du die Rosen der jüngsten Freiheit.

Heil dir und Heil der Lieblichen neben dir,
Heil jedem Sprößling, welchen sie dir gebar!
   Wenn Kinder dich und Volk umjubeln,
     Leerst du, als Becher, des Segens Füllhorn!

Wie eine Rebe, schattig und traubenschwer,
Die schon den Keim des werdenden Rausches nährt,
   Umschlängelt deinen angeerbten,
     Blühenden Scepter der goldne Friede.

Rückwärts erblickst du Flammen und Krieg und Mord,
Doch mild am Gürtel trägst du das reine Schwert;
　Du stehst, wie jener fromme Dietrich
　　Ueber den Leichen der Nibelungen.

So sei (du warst es immer, erlauchter Fürst!)
Des Friedens Schirm und jeglicher Kunst mit ihm,
　Die nur an seiner sanften Wärme
　　Seelenerquickende Knospen öffnet.

Des Bildners Werkstatt wimmelt von Emsigkeit,
Es hascht der Maler seltengebotnen Stoff,
　Die Bretter, Schauplatz jeder Größe,
　　Biegen sich unter dem Gang der Dichtkunst.

Und jenen Festsaal, Gütiger, öffnest du,
Voll edler Formen, wie sie ein Meißel schuf,
　An dessen Würde, dessen Kraft wir
　　Gerne verschwenden das Ach der Sehnsucht.

Früh war die Schönheit deines Gemüths Bedarf,
Und Schönes ist ja Göttliches, leicht verhüllt
　Durch einen Flor, den uns des Denkers
　　Wesenerforschendes Auge lüftet.

Und nicht vergeblich sogst du mit Emsigkeit
Das tiefste Mark altgriechischer Bildung ein:
　Wofür, als fürs Vollkommne, schlüge
　　Solch ein erhabenes Herz, wie deines?

Es geht die Sage, daß du als Jüngling einst,
An deiner Salzach buschigem Felsenstrand,
　Abschüttelnd Weltgeräusch und Hofzwang,
　　Nur mit Homerischen Helden umgingst.

Und zürnst du noch, wenn trunken ein Dichter dir
Ausgießt des Lobes Weihungen? Zwar es sind
　Nur Tropfen Thau's, doch keine Sonne
　　Macht sie zu farbigen Regenbögen.

Vergib, o Herr! dem Dichter, der ohne dich
Verlassen stünde, fremd in der Zeit und stumm:
    Dein fürstlich Dasein löst den Knoten
      Seiner verworrenen Lebensräthsel.

II.

Florenz.

Dich hat, Florenz, dein altes Etruskervolk
Mit wahrem Fug dich blühende Stadt genannt,
    Nicht weil der Arno nagt an Hügeln,
      Deren der kahlste von Wein und Oel trieft:

Nicht weil die Saat aus wucherndem Boden keimt,
Nicht weil des Lustparks hohe Cypressen und
    Steineichen, sammt Oliv' und Lorbeer,
      Neben der Pinie nie verwelken:

Nicht weil Gewerbfleiß oder Verkehr dir blüht,
Den andre Städte missen, indeß du stolz
    Freiheit genießest, Ruhm genießest
      Unter der milden Gesetze Weisheit:

Nicht weil im Prunksaal Schätze der Kunst du häufst,
Vor denen jetzt stummgaffende Britten stehn;
    Wie manches Denkmal ist, Florenz, dir
      Fremder geworden als selbst dem Fremdling!

Nie wieder tritt die Sonne der Medicis,
Was auch geschehn mag, über den Horizont,
    Längst schläft Da Vinci, Buonaroti,
      Macchiavell und der alte Dante:

Allein du blühst durch deine Gestalten fort,
Und jener Kunst Vorbilder, sie wandeln am
    Lungarno heut wie sonst, sie füllen
      Deine Theater noch an, wie vormals.

Kaum hat der Blick, vor zögerndem Unbestand
Sich scheuend, freudvoll eine Gestalt erwählt,
    Als höchste Schönheit kaum gefeiert:
      Wandelt die schönere schon vorüber!

Und hat das florentinische Mädchen nicht
Von frühster Jugend liebend emporgestaunt
    Zur Venus Tizians, und tausend,
        Reize der Reizenden weggelauschet?

Und deiner Söhne Mütter, o sprich, Florenz!
Ob nie die sehnsuchtsvolleren Blicke sie
    Gesenkt vor Benvenuto's Perseus,
        Oder dem himmlischen Apollino?

Wol mag der Neid euch zeihen der Ueppigkeit,
Frei spricht die Lieb' euch. Liebt und genießt, und stets
    An seiner Göttin Busen kühle,
        Kühle die leuchtende Stirn, Adonis!

Hier tändle Glück und Jugend, den Dichter nur,
Zum strengen Ernst aufeuert die Zeit nur ihn,
    Und ihm zerbricht sein frühres Leben
        Unter den Händen, wie Knabenspielzeug.

Er rafft sich auf, dem reifere Stunden graun,
Ihm naht der Wahrheit wehender Flügelschlag,
    Und mehr und mehr Zukunft im Herzen,
        Lernt er entsagen der kalten Mitwelt.

Du aber blühe, glückliche Stadt, hinfort
In solcher Schönheit, solchem Gefühl der Kraft,
    Wie auf dem Springquell hier der Meergott
        Jenes unsterblichen Gian Bologna!

***

III.
Die Pyramide des Cestius.

    — ◡ — — — ◡ — ◡ — —
    — ◡ — — — ◡ ◡ — ◡ — —
    — ◡ — — — ◡ ◡ — ◡ — —
        — ◡ ◡ — —

Oeder Denkstein, riesig und ernst beschaust du
Trümmer blos, Grabhügel, den Scherbenberg dort,
Hier die weltschuttführende, weg von Rom sich
    Wendende Tiber!

Stolze Prunkfucht thürmte dich einft, o Grabmal,
Als vor zwei'n Jahrtaufenden hier Auguftus
Sich der Welt aufbrang, der erfchreckten durch die
    Leiche des Cäfar.

Rom jedoch, kaum neigte dem Untergang fich's,
Als das Saatforn neuer Gewalt gefät warb;
Denn es fchuf hier jener Apoftelfürft zum
    Throne den Altar.

Aber Deutfchlands rauhes Gefchlecht, das ehmals
Deinen Kriegsruhm, herrfchendes Rom, zerftörte,
Stürmt noch einmal, ftürmt, o geweihtes Rom, dein
    Heiliges Bollwerk!

Allzufchwer faft fchwebte der Rachedämon
Ueber Roms Haupt, Rache, daß einft des frechen
Priefters Goldfteigbügel an Hohenftaufens
    Eiferne Hand flang.

Aber Rom trotzt, doppelt befiegt und doppelt
Unbefiegbar fcheint es, gewöhnt an Hoheit,
Seines Dreireichs blitzende Krone wankt zwar,
    Aber fie bebt nicht.

Wehe, wer nicht fpielend, ein Kind der Kirche,
Ihr im Schooß ruht! Wehe, denn jeden Tag troht
Prieftermund ihm, Prieftergemüth in Rom ihm
    Stäte Berdammniß!

Aber huldreich gönnten fie doch des Irrthums
Söhnen gern hier eine geheime Ruhftatt,
Ja, es fühlt dein Schatten, o Bau des Ceftius,
    Nordifche Gräber!

Möchten hier einft meine Gebeine friedlich
Ausgeftreut ruhn, ferne der kalten Heimat,
Wo zu Reif einfriert an der Lippe jeder
    Glühende Seufzer.

Gern vermißt sei, neben dem Heidengrabstein,
Was so streng Rom jedem Verirrten weigert:
Jenes Jenseits, das des Apostels goldner
    Schlüssel nur aufthut.

Führt mich dorthin lieber, und sei's die Hölle,
Wo der Vorwelt würdigen Seelen Raum ward,
Wo Homer singt oder der lorbeermüde
    Sophokles ausruht.

Aber schweigt jetzt, Sterbegedanken! Blüht nicht
Lebenslust rings unter dem Römervolk noch,
Einem Volk, dem zehrendes Feuer die Lieb' ist,
    Liebe die Freundschaft?

Daure Herz, ausdulde die Zeit des Schicksals,
Wenn auch einsam! Stimme geheim, o stimme
Deinen bergstromähnlichen, echoreichen,
    Starken Gesang an!

———

IV.

Warm und hell dämmert in Rom die Winternacht:
Knabe, komm! Wandle mit mir, und Arm in Arm
    Schmiege die bräunliche Wang' an deines
    Busenfreunds blondes Haupt!

Zwar du bist dürftigen Stands; doch dein Gespräch,
O wie sehr zieh' ich es vor dem Stutzervolk!
    Weiche, melodische Zauberformeln
    Lispelt dein Römermund.

Keinen Dank flüstere mir, o keinen Dank!
Konnt' ich sehn, ohne Gefühl, an deines Augs
    Wimper die schmerzende Thräne hangen?
    Ach, und welch Auge dies!

Hätt' es je Bacchus erblickt, an Ampelos
Stelle dich hätt' er gewählt, an dich allein
   Seines ambrosischen Leibs verlornes
     Gleichgewicht sanft gelehnt! ·

Heilig sei stets mir der Ort, wo dich zuerst,
Freund, ich fand, heilig der Berg Janiculus,
   Heilig das friedliche, schöne Kloster,
     Und der stets grüne Platz!

Ja von dort nanntest du mir die große Stadt,
Wiesest mir Kirch' und Palast, die Trümmer Sanct
   Pauls, die besegelte, leichte Barke,
     Die der Strom trieb hinab.

V.
In der Neujahrsnacht.

Seele der Welt, kommst du als Hauch in die Brust des
Menschengeschlechts, und gebierst ewigen Wohllaut?
   Große Bilder entstehn, und große
     Worte beklemmen das Herz.

Blende mich nicht, willige Kraft, wie ein Traumbild
Blende mich nicht! o und ihr, ziehet umsonst nicht
   Meine sorgende Stirn vorüber,
     Wandelnde Strahlen des Lichts!

Liebend bisher leitetet ihr, und ich folgte;
Hinter mir ließ ich was nicht euer Geschenk war:
   Jeden irdischen Glanz und jede
     Stille des häuslichen Glücks.

Immer nach euch klimmt' ich empor, und es rollt mir,
Was ich errang, wie der Kies, unter den Füßen
   Weg, ich blicke zurück nicht länger,
     Klimme nur weiter empor.

Irrt' ich? Es sei. Aber wie sehr des Verständ'gen
Tadel mich traf, so gewiß (fühl' es, o Tadler!)
    War ich strenge mir selbst, so weit es
      Stürmische Jugend vermag.

Habt ihr umsonst, Sterne, mich nun an der Vorzeit
Reste geführt, und gestählt Augen und Herz mir?
    Lehrt mich größere Schritte, lehrt mich
      Einen gewaltigen Gang!

Gehet hinfort leuchtender auf, und ein Flämmchen
Wehe von euch, an des Haars Locke sich schmiegend,
    Sanft herab und erwärme lieblich
      Jeden Gedanken des Haupts!

VI.

Acqua Paolina.

Kein Quell, wie viel auch immer das schöne Rom
Flutspendend ausgießt, ob ein Triton es spritzt,
    Ob sanft es perlt aus Marmorbecken,
      Oder gigantischen, alten Schalen:

Kein Quell, so weit einst herrschte der Sohn des Mars
Sei dir vergleichbar, auf dem Janiculum
    Mit deinen fünf stromreichen Armen
      Zwischen granitene Säulen plätschernd.

Dort winkt mir Einsamkeit, die geliebte Braut,
Von dort beschaut, vielfältig ergötzt, der Blick
    Das Rom des Knechts der Knechte Gottes
      Neben dem Rom der Triumphatoren.

Kühn ragt, ein halbentblätterter Mauerkranz,
Das Colosseum; aber auch dir, wie steigt
    Der Trotz der Ewigkeit in jedem
      Pfeiler empor, o Palast Farnese!

10

Wo sonst des finsterlockigen Donnergotts
Siegreicher Aar ausbreitete scharfe Klaun,
    Da hob sich manch Jahrhundert über
      Giebel und Zinne das Kreuz und herrschte.

Bis jüngst, der Schicksalslaune gewaltig Spiel,
Ein zweiter Cäsar lenkte den Gang der Welt,
    Der pflanzte sein dreifarbig Banner
      Neben den schönen Koloß des Phidias; [7]

Ein Sohn der Freiheit; aber uneingedenk
Des edlen Ursprungs, einem Geschlechte sich
    Aufopfernd, das ihn wankelmüthig
      Heute vergötterte, morgen preisgab.

O hätte dein weitschallendes Kaiserwort
Dem Volk Europas, was es erfleht, geschenkt,
    Wol wärst du seines Lieds Harmodius,
      Seines Gesanges Aristogiton!

Nun ist verpönt dein Name, Musik erhöht
Ihn nicht auf Wohllautsfittigen; nur sobald
    Dein Grab ein Schiff umsegelt, singen
      Müde Matrosen von dir ein Chorlied.

Und Rom? Es fiel nochmaliger Nacht anheim,
Doch schweigt's, und lautlos neben der herrschenden,
    Sechsrossig aufgezäumten Hoffart
      Schleicht der Beherrschten unsäglich Elend.

Nicht mehr das Schwert handhaben und nicht den Pflug
Quiriten jetzt, kaum pflegt die entwöhnte Hand
    Den süßen Weinstock, wurzelschlagend
      Ueber dem Schutte der alten Tugend.

Im Flammenblick nur, oder im edlen Bau
Des schönen, freiheitlügenden Angesichts
    Zeigt Rom sich noch, am Scheideweg noch,
      Aber es folgte dem Wink der Wollust!

VII.

Wenn du, Natur, eine Gestalt bilden willst,
Vor den Augen der Welt, wie viel du vermagst, darzuthun,
Ja, dann trage der Liebling
Deiner unendlichen Milde Spur.

Alles an ihm werde sofort Ebenmaß,
Wie ein prangender Lenz, von Blüten geschwellt, jedes Glied;
Huldreich alle Geberden,
Alle Bewegungen sanft und leicht.

Aber in sein Schwärmergesicht prägest du
Den lebendigen Geist, und jene, wiewol fröhliche,
Doch kaltblütige Gleichmuth,
Wiegend in Ruhe Begier und Kraft.

VIII.

Lebensstimmung.

„Wem dein wachsender Schmerz Busen und Geist beklemmt,
Als Vorbote des Tods, bitterer Menschenhaß,
Dem blühn der Gesang, die Tänze,
Die Gelage der Jugend nicht!

Sein Zeitalter und er scheiden sich feindlich ab,
Ihm mißfällt, was erfreut Tausende, während er
Scharfsichtige, finstre Blicke.
In die Seele der Thoren wirft.

Weh' ihm, wenn die Natur zarteren Bau vielleicht,
Bildungsreicheren ließ seinem Gehör, um durch
Kunstvolle Musik der Worte
Zu verewigen jede Pein!

10*

Wenn unreifes Geschwätz oder Verleumdung ihn
Kleinlichst foltert, und er, welchen der Pöbel höhnt,
    Nicht ohne geheimes Knirschen
    Unerträgliche Qual erträgt:

Wenn Wahrheiten er denkt, die er verschweigen muß,
Wenn Wahnsinn dem Verstand schmiedet ein ehrnes Joch,
    Wenn Schwäche des Starken Geißel
    Wie ein heiliges Scepter küßt:

Ja dann wird er gemach müde des bunten Spiels,
Freiheitathmender wehn Lüfte des Heils um ihn,
    Weg legt er der Täuschung Mantel,
    Und der Sinne gesticktes Kleid.“

Ob zwei Seelen es gibt, welche sich ganz verstehn?
Wer antwortet? Der Mensch forsche dem Räthsel nach,
    Gleichstimmige Menschen suchend,
    Bis er stirbt, bis er sucht und stirbt.

———

IX.

⏑ ⏑ − ⏑ −, − ⏑ ⏑ − ⏑ −
− ⏑ ⏑ − ⏑ −, − ⏑ ⏑ − ⏑ −
− ⏑ ⏑ − ⏑ −, − ⏑ ⏑ − ⏑ −
− ⏑ − ⏑ ⏑ − ⏑ −

Lange begehrten wir ruhig allein zu sein,
Lange begehrten wir’s, hätten erreicht es heut,
Aber es theilt mit uns diese Genossenschaft
    Wein und Jugend, ein feurig Paar.

Süße Melancholie mäßigt den Liebesbrand,
Züchtiger Rose gleich mitten im Nelkenstrauß,
Lächeln verräth das Maß inniger Zärtlichkeit,
    Küsse fallen wie Honigthau.

Brennende Seufzer stets? Sage, warum? Warum
Brennende Blicke? Sind’s Boten vielleicht des Glücks?
Aber du schweigst? O komm, scheuche den dreisten Mond,
    Schleuß den Laden, geliebtes Herz!

———

X.

Der Thurm des Nero.

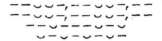

Glaubwürdiges Wort, wohnt anders es noch beim Volk,
Dann stieg, da er hieß anzünden die Stabt, dann stieg
   Auf jenen Thurm schaulustig Nero,
     Und übersah die Flamme Roms.

Mordbrenner umher aussendete sein Machtwort,
Bacchantinnen gleich, trug Jeder des Fests Pechkranz;
   Dort aber stand auf goldner Zinne
     Der Kaiser, der die Laute schlug.

Hoch rühm' ich das Feu'r, sang Jener, es ist goldgleich,
Ist werth des Titans, der's keck dem Olymp' wegstahl:
   Zeus' Adler trägt's, und einst empfing es
     Des Bacchus ersten Athemzug!

Komm, leuchtender Gott! Reblaub in dem Haar, tanz' uns
Weichfüßige Reihn, eh' vollends die Welt Staub wird:
   Hier magst du dir Roms Asche sammeln,
     Und mischen deinen Wein damit!

XI.

An August Kopisch.

Stets, doch immer umsonst, unter dem fremden Volk,
Sei's auch milde gesinnt, sucht' ich ein zärtliches,
   Huldvolles Gemüth, wie du bist,
     Ein erwünschtes Gespräch, wie deins.

Schönheit selbst, wie sie blüht tausendgestaltig hier,
Wollustrausch im Gefolg äußerster Weichlichkeit,
   Lehrt blos, wie geschwind zu Rauch wird
     Die bewegliche Glutbegier.

Halb gleichgiltig besah dies Paradies ich sonst,
Das dein finsteres Thor scheidet, o Posilipp!
　　Gleichgiltig des Mondes Diskus
　　In die Welle des Golfs getaucht.

Einsam wandelt' ich durchs Menschengewühl der Stadt,
Kaum einsamer des Nachts nieder am öden Strand,
　　Lautlos. Die Gestirne schwiegen,
　　Und das Meer und der Berg Vesuv.

Als trübsinnig sofort, freudeverarmt ich ging,
Ja, da führten heran heilige Segel mir
　　Vom Grabe des Aeschylus dich
　　An die blühende Gruft Virgils.

Mehr als Jedem, o Freund! kamst du ein Trost mir selbst:
Langher war so verwandt meinem Gefühle kein
　　Augapfel, und keine Stimme
　　So erfreulich und süß dem Ohr.

Horch! Dein Mund, er beschreibt jener Cyklopenschaar
Felskluft, schildert Palerms reifen Orangenwald,
　　Girgenti's Gefilde malt er,
　　Und die Dorische Pracht im Staub.

Zweifach haben begabt schützende Geister dich:
Lehrling bist du der Kunst, welche das Auge lockt
　　Durch farbigen Reiz und fügst auch
　　In den rhythmischen Gang das Wort.

Wann einst wieder du schwebst über des Nordens Eis,
Wann Parthenope's Golf blos in der Seele dir
　　Nachtönt, und Gebirg und Inseln
　　Wie ein dämmernder Traum erstehn:

Ja, dann fühle, daß fern deiner gedenkt ein Freund
Liebreich. Deinem Gesang wünscht er den kräft'gen,
　　Hochwolkigen Schwung des Adlers,
　　Und den flüssigen Weg des Schwans!

XII.

Einladung nach Sorrent.

Laß, o laß, Freund, stieben den Staub Neapels,
Hinter dir laß jene von tausendstimmigem
Kaufgeschrei lauthallende, hochgethürmte
    Straße Toledo!

Wo so furchtlos, trotz des Gerolls der Wagen,
Auf dem Korb, den voll sie gebracht zu Markte,
Nun er leer steht, schlummern die wegesmüden
    Knaben des Landvolks.

Komm hieher, laß reinere Luft umwehn dich!
Sieh, wie farbreich, doppeltes Grün vermischend,
Hier vom Oelbaum rankt zu dem andern Oelbaum
    Schlingen der Weinstock,

Dessen Frucht schon rebengesenkt herabreift:
Feige lockt, einhüllend in breites Laub sich,
Ja, bis tief, bergtief in der Schlucht gedeihst du,
    Schöne Citrone!

Schatten winkt hier, Schatten und sanfte Labung,
Die des Meers Salzwoge dem Kühnen zuhaucht,
Der an Felsvorsprüngen erlauscht beschäumter
    Brandungen Ankunft.

Bäder auch, weichsandiger Wellengrund ist,
Wo die Steinwand Lasten erträgt von Epheu,
Grotten sind hier, kühler als San Giovanni's
    Höhlenvertiefung,

Wo so oft hinruderten uns die Schiffer,
Wo die rothblau dunkelnde See wie Purpur
Glänzte. Dort, Freund, gönntest dem Freund du manche
    Lehre der Schwimmkunst.

Komm und sieh, hochoben vom Dach, den Spiegel
Dieses Golfs, weiteben und segelreich an!
Sieh von fern herwehen den Rauch Neapels,
    Sieh des Vesuvs Rauch!

Inseln auch, komm! schmücken das Meer: Es streckt sich
Ischia thurmgleich, Prociba langgedehnt aus,
Cap Misen ragt mitten im Abendlicht als
    Nackende Felsbrust,

Die im Kahn sonst schaukelgewiegt umschifft wir,
Als begrüßt wir jenes zerstörte zwar, doch
Stets in Lenzglut schimmernde, stets mit Zephyrn
    Buhlende Bajä.

Unser Bund, kein Bund, wie die meisten, ist er:
Zeugen sind, holdlachende, Meer und Erdkreis,
Zeugen sind ehrwürdige Trümmer, welche
    Römergewalt schuf.

Deines Bilds Bild ruhte mir längst im Innern,
Seit der Freundschaft Seelenberuf erwacht war,
Der so gern schaun möchte des eignen Wesens
    Edlere Selbstheit.

Hohe Thatkraft! Abel der Form! Die Zeit hat
Tief in Roms brachliegenden Schutt versenkt euch,
Hat als Bruchstück nieder ins Gras die schöne
    Säule geschleudert!

Liebe blieb, Freund! Busen an Busen laß uns
Dienen ihr! Einst wieder vielleicht vermählt sich
Ihr des Hochsinns Genius, dann erbaut auch
    Wieder ein Rom sie.

XIII.
Serenade.

⏑ ⏑ — ⏑ — ⏑ — ⏑ — ⏑ — ⏑ —

Schönheitszauber erwirbt Keiner so leicht ohne der Sprödigkeit
Mitgift. Dieses erfuhr Jeder und ich, Klagender, weiß es auch!
Zwar mir lächelte manch freundlicher Blick süße Verständigung
Zu; bald wär' ich erhört, brächte mir, ach! blinder Genuß
    Genuß;
Doch ich seufze ja nur Liebe zu dir, Liebe zu dir ja nur!

Ach und während ich hier klage, vielleicht dient ein Gestirn
        indeß
Als Wegweiser für Ihn, welcher den Arm über die Schul-
        ter dir
Legt, und Küsse vielleicht, freudeberauscht, griechischen Lippen
        stiehlt.

XIV.

Wo für Metall feil Glauben und Tugend ist,
Gilt als Verdienst wegstoßende Sprödigkeit:
    Daß du mir ausweichst, weckt in mir erst
      Deiner Umarmungen süße Sehnsucht.

Reiz lockt und Schönheit, deren die Welt entlang
Kein reicher Maß ausspendete Gott als hier;
    Doch schmerzt die Habsucht Jeden, welchem
      Liebe beglückender als Genuß dünkt.

Huldreiches Wort anhören mit offner Hand,
Was kennt das Herz Unedleres? Ach, es klagt,
    Daß, gleich der Pest, Leichtsinn entstelle
      Solche Geberden und solche Züge!

Noch setzt in dich mein gläubiger Muth indeß
Sein fest Vertraun, hofft liebebethört, es sei
    Voll Zärtlichkeit dein Busen, deine
      Wange die Wange der Scham und Unschuld.

Dies macht verklärt dein Auge, das meine sieht,
Wie deines Leibs Gliedmaßen Unsterblichkeit
    Ausdrücken. Nun erst mag in vollen
      Wonnepokalen die Seele schwelgen.

XV.

An Goethe.

Wenn auch Natur mir Weihe verlieh, und auch,
Tonreicher Brust Urbilder an's Licht zu ziehn,
    Mir Geisteskraft gab, ihr verschwisternd
      Eine bewegliche, weiche Seele:

Mehr als Natur liehn Zeit und Geschick, sie liehn
Mir Werth des Daseins, Fülle des Gegenstands
    Durch Ihn, den Schmuck Deutschlands und Bayerns,
        Der das Erhabene denkt und ausführt.

Auf fernem Eiland wandelte schweigend ich;
Doch drang bis hierher, über Gebirg und Meer,
    Wie König Ludwig dir, o Goethe!
        Reichte den spätesten, schönsten Lorbeer.

Dies ist ein Kranz, gleich jenem, wodurch Athen
Glorreichen Lohn schlang dichtender Siegerstirn,
    Ja, welker ist, glanzloser jener
        Kapitolinische Zweig Petrarca's.

Denn daß die Dichtkunst irgend ein edles Volk
Aufregend hinreißt, Staunen erweckt es kaum;
    Doch wer erstaunt nicht, wenn ein deutscher
        König im Busen erzieht Begeistrung?

Schutzherr der Kunst wird? Seltener, seltner ist's,
Als jenes Manns Kronperle, die leuchtende,
    Die einst der Ehrgeiz Cleopatra's
        Warf in den Becher und stolz zermalmte.

Dein friedlich Dach, Fußtritte der Könige
Noch nicht gewohnt, ehrwürdiger Sänger, der
    Eugenien schuf uns, Iphigenien,
        Eleonoren und Dorothea,

Weiht König Ludwigs heilige Gegenwart
Zum Tempel ein. Dich kränzte Verdienst, o Greis,
    Und König Ludwig lebt, als müßt' er
        Werben um die er besitzt, die Krone.

XVI.

Liebe, Liebreiz, Winke der Gunst und Alles,
Was ein Herz darbeut und ein Herz erwidert,
    Wenig frommt's, leiht nicht die Gelegenheit ihm
        Athem und Dasein.

Dich zu sehn schien Fülle des Glücks, und bebend
Staunt' ich dir, traumähnliches Bild der Schönheit!
Nie an Wuchs, Antlitz und Gestalt erblickt' ich
    Diese Vollendung!

Deiner Form wollüstige Reize könnten
Heißern Wunsch aufregen; allein zur Erde
Senkt sogleich anbetenden Sinn des Auges
    Ewige Hoheit.

Ach, es hat dein brennendes Auge mir sich
Zugewandt, huldvolle Gespräche sprach es,
Ja, ich sah's anfüllen sich sanft, vergehn im
    Thaue der Sehnsucht!

Alter Zeit Eindrücke bestürmten neu mich,
Euch an Kraft gleich, Schmerzen der ersten Liebe!
Tief im Ohr nachtönend erklang verschollner
    Knabengesang mir.

Wehe mir, mir, welcher ein einzig Mal dich
Durfte sehn! Nie leuchtet ein Wiedersehn uns!
Deiner Spur nachforscht' ich das große Rom durch,
    Ewig erfolglos:

Auf und ab stets irrend, so weit die Tiber,
Hadrians Grabveste vorüber, endlich
Jenen Kranz schlangstämmiger Säulen netzt am
    Tempel der Vesta.

XVII.
An August Kopisch.

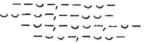

Roms Mauern, Roms Prachtgärten, wo stets
Die Cypresse ragt, schwermüthig und stolz,
    Wiederum schließen sie mich friedlich ein,
    Rollen der Welt Sage mir auf.

Dich hält mit Recht Parthenope fest,
Wo die heitre See Glanz streut, wo indeß
   Aloen, mächtig an Wuchs, überblühn
   Jede den Fels spiegelnde Bucht.

Dorthin, o Freund, bald kehr' ich zurück:
Es ersehnt das Herz manch ländlichen Ort,
   Während oft schaffender Trieb dichterisch
   Meines Gemüths Saite beschwingt.

Auf Wegen trägt Unruhe den Geist,
Sie erhebt und senkt fernschiffenden Wunsch;
   Sei es nun liebender Drang, oder sei's
   Künftiger That heiße Begier.

Mein Leben mag Frucht bringen, es mag
Wie die Knospe herb' abfallen im Lenz:
   Er verhängt's, welcher dem Aug' unbekannt
   Wirft des Geschicks blutigen Pfeil.

Mag Unverstand mich richten und Haß
In dem Land, wo Teuts Ursprache geblüht,
   Bleiben wird, Jahre hindurch, meines Liebs
   Echo, bis auch dieses entschwebt.

Jetzt leuchtet Roms Südhimmel mir noch,
Und er liegt so rein auf Stadt und Gebirg:
   Ueber dein offenes Dach, Pantheon,
   Führt er entlang Sterne der Nacht.

Hier fesselt bald vorzeitlicher Kunst
Unerreichte Kraft mich, Götter in Stein,
   Oder bald neueren Ruhms Farbenhauch,
   Wann er erklärt sinnigen Stoff:

Wenn Guido's Eos Rosen verstreut,
Und empor sich schwingt Schönheit zum Apoll:
   Doch Saturn hält sie zurück streng. Es hat's
   Dominichins Pinsel gedacht. [8]

XVIII.

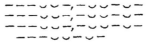

Mag altrömifche Kraft ruhen im Afchenkrug,
Seit Germania fich löwenbeherzt erhob;
Dennoch fiehe, verräth manche behende Form
    Roms urfprüngliche Seele, Roms

Jüngling feh' ich, um den ftäubte des Uebekampfs
Marsfeld, oder getheilt fchäumte die Tiber, der
Voll kriegsluftigen Sinns, gegen Cherusker felbft,
    Wurfabwehrende Schilde trug.

Dich als Solchen gewahrt gerne der Blick. Wie dich
Schuf einft attifche Kunst jenes begeifterten,
Weinftocknährenden Gotts prächtige, doch zugleich
    Schamhaft weiche Geftalt, o Freund!

Ja, dich möcht' ich im Streit gegen den Inder fchaun,
Wann dein Siegergefpann fleckige Panther ziehn,
Dich als Liebenden fchaun, wann Ariadnen dein
    Purpurn fehniger Arm umfchließt.

XIX.

In Genua.

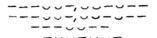

Ach wer wiefe zurück, wie entwöhnt die Bruft auch
Sei durch ewigen Gram und der Welt Enttäufchung,
    Wer allmächtige Sehnfucht,
        Süße Begierde zurück?

Wenn voll magifcher Kraft, in dem Land der Schönheit,
Unausweichlicher Schmerz dem Gefühl fich aufdringt,
    Ach, wer wiefe die Liebe,
        Hielte die Klage zurück?

Doch kein Bleiben vergönnt des Geschicks Beschluß mir:
Zwar freiwillig und doch ein Gezwungener muß ich,
　　Muß dich wieder verlassen,
　　　Genua, blühende Stadt!

Dich, dein rauschendes Meer und den schönen Strandweg,
Ja, was reizender ist! Ich erblickte kaum noch
　　Je mich selbst in geliebtern
　　　Augen und liebenderen.

Doch, wer Liebe versteht, er bekennt, wie sehr auch
Freudvoll sei der Besitz, es gewährt Besitz uns
　　Nie dich, sanftere Wehmuth,
　　　Selige Thräne der Huld!

　　　　　　———

XX.
Die Wiege des Königs von Rom
in Parma.

Reichen Hausraths goldener Prunk erzähle
Jenes Manns glorreichsten Moment der Nachwelt,
　　Jenes Manns, der kaum in der Gruft, und doch schon
　　　Lange dahin scheint.

Denk' ich sein jetzt, dessen ich kaum gedachte,
Als ich jüngst, blos wenige Tage sind es,
　　Schaute, durch Herbstnebel hindurch, Marengo's
　　　Düsteres Blachfeld?

Ach, es stand damals in der Jahre schönstem
Mai der Held! Mißtrauischer Sorge fremd noch,
　　Frug er noch, was rühmlicher sei, die Krone,
　　　Oder der Lorbeer?

Beide flocht tollkühn er in eins! Emporschlug
Seines Glücks aufsteigender Dampf, wie Abels:
　　Siege, Herrschaft über die Erde, höchstes
　　　Friedliches Bündniß!

Große Nacht, doch schwanger an jedem Unheil,
Als des Ruhms Brautbette bestieg die blonde
Tochter Habsburgs; aber mit ihr des Schicksals
    Mächtiger Neuling!

Horch! Die sonst mordsprühenden Feuerschlünde
Künden jetzt blos zärtlichen Vaterjubel,
Und das Volk weiht freudeberauscht die goldne
    Wiege der Fürstin.

Aber ach! Kein Wiegengesang der Liebe,
Waffenlärm schlug hart an das Ohr des Säuglings;
Eine Welt, schon lagert sie sich um seine
    Tragische Kindheit.

Todesbleich steht zwischen Gemahl und Vater,
Bietend stets, den keiner ergreift, den Oelzweig,
Noch im Flor zartblühender Jugend, hilflos,
    Flehend und hilflos.

Sie, die Zier weitherrschenden Throns, von dem nun
Steigt herab ihr zagender Fuß bescheiden:
Wer verlor je stolzere Güter? Wer hat
    Mehr zu verlieren?

Weib des stets Siegreichen, so vieler Cäsarn,
Welche Karls Reichsapfel und Scepter trugen,
Enkelin, (weh, Alles umsonst!) so vieler
    Könige Schwägrin!

Mag verklärt nun oder umwölkt die Sonne
Leuchten, mag was immer geschehen, es füllt ja
Nie ein Herz mehr, dem so gering die Welt scheint,
    Alles so tief liegt!

XXI.

Morgenklage.

∪ — ∪ ∪ — ∪ —, ∪ — — —
∪ — ∪ ∪ — ∪ —, ∪ — — —
— — ∪ — ∪ —
— — ∪ — ∪ —

Von bebender Wimper tropft der Nacht Zähre mir,
Indeß den ersehnten Tag verheißt Hahnenruf:
    Wach' auf, o betrübte Seele,
        Schließ' einen Bund mit Gott!

Ich schwöre den schönen Schwur, getreu stets zu sein
Dem hohen Gesetz und will, in Andacht vertieft,
    Voll Priestergefühl verwalten
        Dein groß Prophetenamt.

Du aber, ein einzigmal vom Geist nimm die Last!
Von Liebe wie außer mir, an gleichwarmer Brust,
    Laß fröhlich und selbstvergessen
        Mich fühlen, Mensch zu sein!

Vergebens! Die Hand erstarrt, da voll stolzen Frosts
Nach irdischer Frucht sie greift! Es seufzt unter dir,
    Schwermüthige Wucht, Gedanke,
        Mein Nacken tiefgebeugt!

Umnebelt den Blick die Welt, so laß, keusches Licht,
In reinere Lüfte mich emporschwebend gehn!
    Wer aber hienieden setzte
        Auf Wolken je den Fuß?

O seliger Mann, wofern gelebt Einer, der
In Ruhe die Nacht verbringt, und jedweden Tag,
    Dem Rose genügt und Frühling,
        Dem Liebe labt das Herz!

XXII.

Aschermittwoch.

Wirf den Schmuck, schönbusiges Weib, zur Seite,
Schlaf und Andacht theilen den Rest der Nacht nun;
Laß den Arm, der noch die Geliebte festhält,
    Sinken, o Jüngling!

Nicht vernummt mehr schleiche die Liebe, nicht mehr
Tret' im Takt ihr schwebender Fuß den Reigen,
Nicht verziehn mehr werde des leisen Wortes
    Ueppige Keckheit!

Mitternacht ankünden die Glocken, ziehn euch
Rasch vom Munde weg Küsse zugleich und Weinglas:
Spiel und Ernst trennt stets ein gewagter, kurzer,
    Fester Entschluß nur.

XXIII.

An Marco Saracini.

Sympathie zwar einiget uns und läßt uns
Hand in Hand gehn; aber es zweit der Pfad sich;
Denn zu sehr durch eigene Loose schied uns
    Beide das Schicksal.

Dir verlieh's jedweden Besitz des Reichthums:
Stets für dich streu'n Säer die Saat, den Wein dir
Keltern rings, auspressen die Frucht des Oelbaums
    Sorgliche Pächter.

Manches Landhaus bietet im Lenz Genuß dir,
Dir im Herbst Jagdübungen manches Bergschloß,
Wo sich schroff absenken des Apennins Höhn
    Gegen das Meer zu.

Stolz im Schmuck hochzinnigen Daches nimmt dich
Dein Palast auf, während des heißen Sommers:
Alter Kunst Denkmale verschließen hundert
    Luftige Säle.

11

Nichts besitzt dein Freund, o geliebter Jüngling!
Ja, er wünscht auch keinen Besitz, als den er
Leicht mit sich trägt. Irdische Habe wäre
Drückende Last mir!

Selten ruht mein pilgernder Stab, ich setz' ihn
Sanft nur auf, nicht Wurzel und Zweige schlägt er;
Auf das Grab einst lege mir ihn der Frembling,
Freunden ein Erbtheil.

XXIV.
An die Gräfin Pieri in Siena.

Schönheit fielen und Reiz wenigen Fraun anheim,
Auch Reichthümer verschenkt selten ein günstig Loos;
Doch weit seltener gibt es
Ein theilnehmendes, großes Herz.

Dem Schönheit es und auch Gaben des Glücks gesellt:
Also seh' ich vereint würdigem Gatten dich,
Rastlos thätigem Dasein
Prunk nicht, aber Gehalt verleihn.

Dichtkunst hebt und Musik, wahre Geselligkeit
Hebt dein Leben empor (wie es der Deutschen ziemt)
Aus einförmigem Kreislauf,
Den schlaftrunken Italien träumt.

Gastfreundschaftlichen Sinns nahmst du den Dichter auf,
Dankbar bietet er dir liebenden Scheidegruß,
Weil aufs neue der Frühling
Ihn zum flüchtigen Wandrer macht.

Schön ist's, häuslichen Kreis sammeln umher, wiewol
Schön nicht minder, sich selbst leben und frei von Zwang
Anschaun Städte der Menschen,
Stehn auf hohem Verdeck zu Schiff.

XXV.

Brunelleschi.

Ehrwürdig dünkt euch gothische Kunst mit Recht:
Ich selbst, Bewundrung hab' ich im reichen Maß
    Orvieto's, Mailands Dom und deiner
      Hohen Karthause gezollt, Pavia!

Doch schätz' ich mehr Einfaches, dem ersten Blick
Nicht gleich enthüllbar; aber getreu dem Geist:
    Durch Reiz der Neuheit lockt Erhabnes,
      Aber das Auge zuletzt ermüdet's.

Still ist der Schönheit Zauber, unwandelbar,
Und stets bedeutsam. Ewiges Lebehoch
    Sei, Brunelleschi, dir gebracht beim
      Feste der Wiedergeburt des Schönen!

Roms alten Schutt durchschrittst du gedankenvoll,
Der unbekannt noch oder verachtet lag,
    Grubst Säulen aus und mächtig wuchs dir,
      Während du schaufeltest, Geist und Kühnheit.

Schatzgräber schalt Roms höhnischer Pöbel dich,
Dich sammt Donato, deinem erprobten Freund,
    Deß Kunst zuerst formlosem Steine
      Männlichen Seelencharakter eingrub.

Und Schätze dankt euch euer Florenz, wiewol
Ihr arm an Gold wart; herrlicher prangt es nun
    Als Zier der Nachwelt. Blos Venedig
      Kämpfe mit ihm um den Rang der Schönheit.

XXVI.

An August Kopisch.

Wenn zwei Loose vor uns legt ein Beschluß der Zeit,
Schwer ist's, wirklichem Ruf folgen und falschen fliehn:
    Fürs Leben hinaus entscheidet
      Der entschiedene kurze Schritt.

Ehmals dämmerten uns muthige Hoffnungen,
Ja, wir wollten Genuß aus Arethusa's Quell
Einschlürfen; der kühnre Wunsch war
Aganippische Flut zu schaun!

Doch dich lockten indeß heimische Triebe bald
Fernhin (wo in des Nords Winter ein edler Fürst
Aussät ein Athen des Geistes)
An die scythische kalte Spree.

Mir auch schien' es vielleicht rühmlicher, hinzuziehn,
Wo hinweist der Magnet; aber dem trägen Fuß
Sind Brenner zugleich und Gotthardt
Unersteigliche Berge längst.

Rückwärts liegen so weit frühere Tage mir,
Als frohsinnig und nicht ohne befeuernden
Beifall in der Freunde Kreis ich
Die Gesänge der Jugend las.

Hier nun sing' ich allein, freundliches Lob verhallt
Fernab, selten gehört; aber es schweigen auch
Lautgellende Pöbelstimmen,
Und der kleinere Schrei des Neids.

XXVII.
Der bessere Theil.

Jung und harmlos ist die Natur, der Mensch nur
Altert, Schuld aufhäufend umher und Elend;
Drum verhieß ihm auch die gerechte Vorsicht
Tod und Erlösung.

Stets von heut auf morgen vertagt die Hoffnung
Ihr Phantom. Auswandert der Mensch in fremden
Himmelsstrich; doch tauscht er indeß die Noth nur
Gegen die Noth aus!

Stets um Freiheit buhlt das Gemüth, um Kenntniß;
Doch um uns liegt rings, wie ein Reif, Beschränkung:
Keine Kraft, selbst Tugend vermag der Zeit nicht
    Immer zu trotzen.

Manchen Flug wagt menschliches Wissen, das doch
Kaum ein Blatt aufschlägt in dem Buch des Weltalls:
Bist du je, Milchstraßen entlang, gewandelt
    Nach dem Orion?

Nein — und deshalb lehrte der Mann der Weisheit,
Den die Welt dankbar den Erlöser nannte,
Zuversicht auf höheren Waltens Allmacht,
    Lehrte den Glauben.

Thätigkeit löst Räthsel und baut der Menschheit
Schönstes Werk; doch schmähe sie drum ein stilles,
Sanftes Herz nicht, weil es erwählt den bessern
    Theil, wie Maria.

XXVIII.
An Karl den Zehnten.

Aus deiner Ahnherrn blühendem Reiche zogst
Umblickend oft auf lässigem Zelter du,
    O zehnter Karl, von deiner Söhne
      Frauen umjammert, der letzte Ritter!

Nicht lehrte Weisheit dich das erblichne Haar!
Nicht sendet nach weichherz'ge Seufzer dir
    Frankreich, es weint dir nicht des Mitleids
      Gastliche Thräne der stolze Britte.

Dein eignes Volk mißkennend, und was die Zeit
Umstürzte, kalt aufnöthigend, hieltest du's
    Barbaren gleich, die fern im Südost
      Keuchen am Joch und das Joch beklatschen?

Nicht fleußt in Frankreichs Adern Kroatenblut!
Freudvoll begrüßt dreifarbige Wimpel schon
    Europa, männlich aufgerichtet,
        Ja, bis in Afrika jauchzt das Echo!

Längst sind der Zeit blutbürstige Gräul gesühnt:
Blut floß von jeher, wann die verjüngte Welt
    Neukräftig aufwuchs, blutig siegte
        Christus und blutig erkämpfte Luther

Wahrheiten. Nicht mehr rufe die Manen an
Des Bruders, der klagwürdig und edel fiel,
    Nicht aber schuldlos, seine Schwachheit
        Trägt des Geschehenen schwerste Hälfte.

Uralte Blutschuld lastete lange schon
Auf Capets Haus, seitdem den erlauchten Sproß
    Ruhmvoller Kaiser einst der schnöde
        Bruder des heiligen Ludwigs abhieb.

Lern' aus der Welt Jahrbüchern Gerechtigkeit,
Und stirb versöhnt! Dein sonstiges Volk, es sei
    Bollwerk der Freiheit künftighin uns,
        Glänzendes Edelgestein Europa's.

Nie reiz' es mehr blindwüthender Frevel auf,
Und König Philipp herrsche gerecht und gut!
    Viel hangt an ihm! Nie war so heilig
        Irgend ein fürstliches Haupt, wie seins ist.

————————

XXIX.

Der Vesuv im December 1830.

Schön und glanzreich ist des bewegten Meeres
Wellenschlag, wann tobenden Lärms es anbraust;
Doch dem Feu'r ist kein Element vergleichbar,
    Weder an Allmacht,

Noch an Reiz fürs Auge. Bezeug' es Jeder,
Der zum Rand abschüssiger Kratertiefe,
Während Nacht einhüllt die Natur, mit Vorwitz
    Staunend emporklimmt,

Wo im Sturmschritt rollender Donner machtvoll
Aus dem anwuchsdrohenden, steilen Kegel
Fort und fort auffahren in goldner Unzahl
    Flammige Steine,

Deren Wucht, durch Gluten und Dampf geschleudert,
Bald umher auf aschige Höhn Rubine
Reichlich sät, bald auch von des Kraters schroffen
    Wänden hinabrollt:

Während still, aus nächtlichem Grund, die Lava
Quillt. — Des Rauchs tiefschattige Wolk' umdüstert,
Holder Mond, dein ruhiges, friedenreiches
    Silbernes Antlitz.

———————

XXX.

Loos des Lyrikers.

Stets am Stoff klebt unsere Seele, Handlung
Ist der Welt allmächtiger Puls, und deshalb
Flötet oftmals tauberem Ohr der hohe
    Lyrische Dichter.

Gerne zeigt Jedwedem bequem Homer sich,
Breitet aus buntfarbigen Fabelteppich;
Leicht das Volk hinreißend erhöht des Drama's
    Schöpfer den Schauplatz:

Aber Pindars Flug und die Kunst des Flaccus,
Aber dein schwerwiegendes Wort, Petrarca,
Prägt sich uns langsamer ins Herz, der Menge
    Bleibt's ein Geheimniß.

Jenen ward blos geistiger Reiz, des Liebchens
Leichter Takt nicht, der den umschwärmten Putztisch
　　Ziert. Es bringt kein flüchtiger Blick in ihre
　　　　Mächtige Seele.

Ewig bleibt ihr Name genannt und tönt im
Ohr der Menschheit; doch es gesellt sich ihnen
　　Selten freundschaftsvoll ein Gemüth und huldigt
　　　　Körnigem Tiefsinn.

XXXI.

Herrscher und Volk.

Nie sehnt ein willkürübender Herrscher sich
Nach Dichterweihrauch, dessen er nicht bedarf:
　　Er legt ans Schwert kraftvoll die Faust und
　　　　Wen er zum Opfer sich wählt und wer ihm

Mißfällt und wer Freiheit zu verkünden wagt,
Den trifft der Tod, den decken Sibiriens
　　Schneefelder zu, der wird geschmiedet,
　　　　Tief in der Grotte des Felseneilands, [9]

Titanenhaft auf eisernen Rost, zu dem
Das Meer emporschlägt. Aber das Volk bedarf,
　　Ohnmächtig schmerzvoll, eines Mannes,
　　　　Welcher im Lied es empfiehlt der Nachwelt

Als Stoff des Mitleids, welcher erzählt, wie schnell
Zusagen wehn aus fürstlichem Mund, und ach!
　　Gleichschnell verweht sind, wie man Schwüre
　　　　Bricht in der Nähe des Pols und südwärts!

Sind Schwüre nicht (leicht löst sie der Papst) ein Spiel
Herzloser Bourbons? Nichtigem, falschem Eid,
　　Ach, lauschte Frankreich, lauschte Spanien,
　　　　Lauschte das Land um Messina's Pharus,

Diesseits und jenseits! Einen erblickten wir,
Der seines Zwingherrn blutige Hand geküßt,
  Nachdem umsonst sein Volk des Wagens
    Stricke zerhaun, den geliebten König

Nicht lassen wollend. Jener entwich, da focht's
Sechs Jahr' um ihn, sechs Jahre, befreit zuletzt
  Ihn aus der Haft. Er kommt und liefert
    Seine Beschützer dem Blutgerüst aus.

War solches Undanks fähig ein Nero selbst?
Dem, der für ihn sich opferte, mindestens
  Dem Strang des Henkers ihn entrückend,
    Hätt' er ein rühmliches Grab gegönnt ihm!

Ihr fürchtet nichts, Thrannen, allein den Tod
Doch fürchtet ihr, der kein Diadem verschont:
  So möge denn ums Sterbelager
    Drängen sich euch der verhaßte Chorus

All Derer, die dumpfbrütende Kerkerluft
Frühzeitig wegrafft, all der Gequälten Geist,
  Die auf Galeeren euch, mit Mördern
    Eng aneinander gekoppelt, fluchen,

All Derer, die, weit über die Welt zerstreut,
Vom Bild der Heimat ihre Gemüther voll,
  An fremder Thür ihr Brod erbetteln,
    Ja, zu Barbaren verbannt, des Moslems

Mildthätigkeit anflehen! Um euer Bett
Wird manch Gespenst mit drohendem Finger stehn,
  Durch Kettenlärm euch weckend, oder
    Priester und Priestergebet verscheuchend.

XXXII.
Aus einem Chor des Sophokles.

Nicht gezeugt sein, wäre das beste Schicksal,
Oder doch früh sterben in zarter Kindheit:
Wächst zum Jüngling Einer empor, verfolgt ihn
    Ueppige Thorheit,

Während Mißgunst, Streit und Gefahr und Haß ihm
Quälend nahn; reift vollends hinan zum Greis er,
Jede Schmach muß dulden er dann, vereinzelt
    Stehend und kraftlos.

Stets umdroht uns Flutengedräng und schleudert
Hart an steilabfallenden Klippenstrand uns,
Mag der Süd nun peitschen die Woge, mag sie
    Schwellen der Nordsturm.

XXXIII.

An Franz den Zweiten.

Ohnmacht, Zerstücklung, jegliche herbe Schmach
War unser Loos, seitdem du Germaniens
    Reichsapfel nicht mehr wiegst in deiner
      Rechten, o Herr, und von uns verlassen,

Uns alle preisgabst schimpflichem Untergang!
Wol that Erneurung unserem Reiche noth,
    Doch nicht Zerstörung; tief im Busen
      Trug es den edelsten Keim der Freiheit.

Du zeihst des Abfalls uns, des Verraths mit Recht;
Wir zeihn dich, daß über die Alpen stets
    Dein Auge gekehrt war, daß du Völker,
      Deinem Germanien fremd, beherrschtest!

Einst griff sogar nach spanischem Ehering
Habgierig Oestreich; doch es erwarb sich nur
    Deutschlands Verlust. Sein fünfter Karl war
      Unser Verderben und ganz Europa's!

Jedwedes Unheil, welches die Welt betraf,
Floß aus der Brust ehrsüchtiger Könige,
    Die unbefriedigt durch das Erbtheil
      Ihres Geschlechts in die Fremde schweiften.

Vergebens hoffst du, daß der Lombarde je
Dich lieben lernt, daß je es der Pole lernt!
    Wol schleifte Mailand Barbarossa,
      Aber es blutete Conradin auch.

Gib deinem Deutschland wieder ein deutsches Herz!
Dann wird, fürwahr, frohlockenden Jubelrufs
    Dein wahres Volk aufnehmen seinen
      Alten und kummergebeugten Kaiser!

Wer Sklave Moskau's wünschte zu sein, er bleib's!
Wir möchten frei sein, einig und groß; zu uns,
    Die dein in Sehnsucht täglich warten,
      Kehre zurück, o geliebter König!

Baschkireneinfall halte von uns entfernt;
Dann beut in Freundschaft deinem erneuten Volk
    Das neue Frankreich auch den Handschlag
      Ueber dem heiligen Sarg in Aachen.

XXXIV.
Der künftige Held.

Rückwärts gewandt blickt oft in der Fabel Nacht
Der Dichter, späht Heroen sich aus, und forscht
    Durch manches Zeitlaufs Thatenwirrwarr,
      Liederbegierigen Sinns, nach Helden:

Ich wähle den mir, welcher dereinst erscheint,
Und will vom Tod nicht wecken Gemoderte:
    Den Mann der Zukunft preisend, wandelt
      Vor dem Erwarteten mein Gesang her!

Er komme bald uns, welchem des Ewigen
Rathschluß verliehn ruhmwürdiges Rächeramt
    Gehäufter Unthat, aus den Zähnen
      Reiß' er dem Wolfe das Lamm, er komme

Dem Stamm verderblich jener Semiramis
Mit ihrem zahllos wimmelnden Buhlerheer,
    Die schon der Vorzeit graues Wort uns
      Als babylonische Metze weissagt!

Er komme, der, mit strafendem Geißelhieb
Nach Asien heim stumpfnüstrige Sklaven peitscht,
    Sie selbst und ihre längst entnervten,
      Weibisch entgürteten Dschingiskane,

Die nur des Mords noch pflegen, und nicht der Schlacht,
Des Völkermords! Dir, Siegender, möge dann
　　Mongolenblut aus jeder Locke
　　　Ueber den faltigen Mantel triefen!

XXXV.

Kassandra.

Deinem Loos sei'n Klagen geweiht, Europa!
Aus dem Unheil schleudert in neues Schreckniß
　　Dich ein Gott stets; ewig umsonst erflehst du
　　　Frieden und Freiheit!

Kaum versank allmählich, im trägen Zeitlauf,
Jener Zwingburg südlicher Bau zu Trümmern,
　　Wo des Weltherrn Scepter dem Inquisitor
　　　Schürte den Holzstoß:

Sieh, da keimt schon, unter dem Hauch des Nordpols,
Frischen Unheils wuchernder Same leis auf:
　　Hoch als Giftbaum ragt in der Luft bereits dies
　　　Riesige Scheusal!

Selbst dem Beil fruchtloser Begeistrung trotzt
Dieser Stamm, der Alles erdrückt, und keiner
　　Wolke, weh uns, rettender Blitz zerschmettert
　　　Wipfel und Ast ihm!

Ketten dräun, wie nie sie geklirrt, der Menschheit
Bangen Hals zuschnürend, und parricidisch
　　Reiht im Wettlauf mächtiger Ungeheu'r sich
　　　Frevler an Frevler!

Noch einmal, wie's kündet die alte Fabel,
Ueberm Haus blutgieriger Tantaliden
　　Sein Gespann rückwärts mit Entsetzen lenkend
　　　Schaudert Apollo!

Zwar der Hahn kräht; aber er weckt die Welt nicht!
Selbst des Einhorns Stachel vielleicht zersplittert:
   Adler Deutschlands, doppelter, kreise wachsam,
      Schärfe die Klaun dir!

XXXVI.

An Wilhelm Genth.

Dein Lied erweckt mir langeverwehte Zeit,
Als Heidelbergs pfalzgräfliche Burg (es hat
   Ein fremder Bluthund einst zerstört sie)
      Uns in verwilderte Schatten einlud.

Du rufst in Heimatsgegenden mich zurück,
Wo ach! Verwirrung brütet, und innerhalb
   Der Mauern Ilions und auswärts
      Sündiget blinde Begier. Du rufst mich

An Goethe's Grab. Gern werf' ich den schönsten Zweig
Auf seine Ruhstatt! Sanfterer Tage Sohn,
   Und selbst als Greis noch liebetändelnd,
      Wußt' er die mächtige Brust zu zähmen,

Eintauschend Weisheit für die Begeisterung:
Nicht dies gelingt mir! Jeglicher Puls in mir
   Wallt feurig auf; nicht bloße Töne,
      Funken entsprühn der bewegten Leier!

Nicht kann ich harmlos mich in die Pflanzenwelt
Einspinnen, anschaun kantigen Bergkrystall
   Sorgfältig, Freund! Zu tief ergreift mich
      Menschlichen Wechselgeschicks Entfaltung.

Längst ist der Brust ehrgeiziger Trieb entflohn,
Der Jugend Erbtheil; aber wofern mir soll
   Annahn der Ruhm, mag Hand in Hand er
      Gehn mit dem prüfenden Todesengel!

Von dieser Zeit Parteiungen hoff' ich nichts;
Doch wann ich darf ausruhen, wie Goethe ruht,
   Dann sei'n mir auch spätreife Kränze
    Auf den versinkenden Sarg geworfen.

Ich lebe ganz bei Künftigen, halb nur jetzt:
Nicht blos ein Zierrath müßigem Zeitvertreib
   Sei meine Dichtkunst, nein — sie gieße
    Thauigen Glanz in die welke Blume!

XXXVII.

Parthenope ragt so schön am Seestrand empor,
Umspannt den berauschten Sinn mit stahlfestem Netz,
   Läßt fließen des Lebens Bäche
    Aus ihrem goldnen Quell.

Wo aber erscheint Genuß von Schmerz unvergällt?
Es lauert des Scheidens Qual, und träuft Bitterkeit
   Neidvoll in den Wein der Liebe,
    Den unsre Seele schlürft.

Doch ziehe, wohin du willst, im Geist folgen dir
Beflügelte Lieder nach! Es ist, reich begabt,
   Dein schönes Gesicht Bezaubrung,
    Dein Auge Süßigkeit!

XXXVIII.

Trinklied.

Wol bietet der irdische Tag qualvolle Sekunden genug,
Wenn tief du gedenkend erwägst, was je du verlorst, o
                        Gemüth!
   Feuchteren Auges erblickst du
    Rings dann die verschleierte Welt.

Weil süßes Vergessen allein aufwägt den unendlichen Schmerz,
Schlürfst, Freude, das goldene Naß, hier wo sich ein
Zaubergefild
Breitet um uns und um Bajä's
Rückstrahlende, wonnige Bucht! [10]

Kommt unter des Tempelgewölbs halbdrohenden Rest! (Es
vernahm
Hier Cypria Wunsch und Gebet) Ruht hier! In den hel=
len Pokal
Träufe der süße Falerner,
Jahrtausende schon so berühmt!

Aus purpurnen Wogen empor ragt manches antike Gestein,
Das Römer voreinst in die Flut, Prachtsäulen zu tragen,
gesenkt:
Laßt die Verblichenen leben,
Die mächtige Thaten gethan!

Anspannend die Kraft des Gemüths, wirkt Gutes und
Schönes erschafft,
Auf daß in der werdenden Zeit bei Künftigen töne das Wort:
Selig der Tag und die Räume,
Wo solch ein Berühmter gelebt!

Wann, Freunde, wir steigen hinab, wo dort sich ein
mythisches Volk
Weissagende Grotte gebohrt, unweit der zertrümmerten Stadt,
Mag die Sibylle von Cumä
Uns Segen und Ruhm prophezein!

Dort drüben, die Höhlen entlang, liegt jenes elysische Feld,
Wo Geister im Felsengebüsch hinwandeln am Ufer des
Meers:
Glückliche, die mit Heroen
Hinwandeln am Ufer des Meers!

Wol ziemt es dem Folgegeschlecht, wo immer ein fröhliches
Mahl
Gastfreunde vereine, mir auch volltriefende Schale zu weihn,
Der ich erfand in der Seele
Manch liebebeflügeltes Lied.

Hymnen.

Dem Kronprinzen von Bayern.
1831.

⏑ — ⏑ — ⏑ — ⏑ — — — ⏑ ⏑ —
⏑ — ⏑ — ⏑ ⏑ —
— — ⏑ — ⏑ ⏑ — — — ⏑ — ⏑ ⏑ —
— ⏑ — ⏑ ⏑ — ⏑ — ⏑ ⏑ — ⏑ —
— ⏑ — ⏑ — ⏑ ⏑ — ⏑ — ⏑ ⏑ — ⏑ ⏑ ··
— ⏑ — ⏑ — ⏑ ⏑ — ⏑ — ⏑ ⏑ — ⏑ —
— ⏑ ⏑ — ⏑ ⏑ — ⏑ —
— — ⏑ ⏑ — ⏑ ⏑ — —

Es schlummert längst mir im Heiligthum bildender Kraft
An dich, o Fürst, ein Gesang,
Dem vaterländischer Zukunft Bürgschaft verliehn das Geschick,
Der du selbst in der Brust die Glut melodischer Dichtung
Hegst, dem Vater gleich, und der Kunst tiefsinnige Meister
                liebst,
Die mit holdem Scepter das Volk, den Herrschenden ähnlich,
Lenken; aber Verständniß folgt
Oft erst dem beschwingten Klang zu Fuß nach.

Vor Allen foderte mich zu Liebspendungen auf
Das Wort des würdigen Freunds,
Der mir von frühester Kindheit stets hieß der treuste Genoß,
Aber nun an der Seite dir mit freundlichem Rath steht.
Offen liegt ein mächtiges Feld vielkundigem Dichter, der
Deines Hauses Glanz und den tausendjährigen Ruhm wälzt;
Denn bereits Diademe trug
Dein Stamm in der sagendunklen Urzeit:

Als König waltete Garibald, hohen Geschlechts,
Im reichen Bojergefild
Weitherrschend einst, wo der Inn stolz hinwallt mit reißen-
                dem Zug,
Dem zuletzt in der Schlucht sich mischt der stilleren Donau

Ebner Flur entsprudelter Strom. Aufnährte das schönste
Pfand
Garibald, der lieblichen Tochter bräutliche Schönheit:
Theudelinden umwarb indeß
Hochsinniger Fürstensöhne Schwarm rings.

Es wirbt der fränkische Chilbebert. Autharis auch,
Der longobardische Fürst,
Hoch ragt er unter der Mehrzahl siegskühner Freier empor,
Der das wehende Banner aufgepflanzt an der Spitze
Rhegiums (getrennt von der furchtbar'n Wurzel des
Aetnabergs
Durch der Scylla Hundegebell und kochenden Meerschwall)
Doch Pavia verläßt der Fürst,
Nordwärts, an der Etsch, den Strom hinauf zieht

Er wohlgemuth, in der Brust den sehnsüchtigen Wunsch.
Verkappt in Botengestalt
Sieht Bojoarien ihn. Schon tritt aus dem Frauengemach
Theudelinde, geführt von Garibald, und dem Fremdling
Beut sie dar, der Sitte gemäß, Willkomm in dem Festpokal:
Als das Glas empfing der vermummte Fürst von der
Jungfrau,
Ihr die Hand mit gelindem Druck
Rührt sanft er und seufzt: O Theudelinda!

Geringer scheint die verschwiegene Schmach, Allen entrückt;
Die kluge Schöne verbirgt,
Blaß zwar vor Schrecken, des Gastfreunds Wagstück ins
tiefe Gemüth.
König Autharis freit, in Königs Autharis Namen,
Jene nun, und gerne gewährt, huldreich, die erwählte Braut
Garibald. Es gibt das Geleit dem werbenden Fremdling
Schlanke, boische Heldenschaar
Durchs Alpengebirg ins süße Welschland,

Wo Phöbus früher die Traube reift, Jünglingen auch
Die Schläfe männlicher bräunt.
Als auf der steinigen Grenzmark abschieblich boten den Gruß
Wechselseits der Geführte selbst und die, so geführt ihn,

Schwang das Beil der reisige Held kraftvoll in behender Faust;
Tief im Stamme wurzelt' es fest des mächtigen Ahorns:
Solche Streiche, wie der, vermag
Blos Autharis auszutheilen, rief er.

Und kenntlich Allen entschwand der gelblockige Fürst.
Es reichte darauf dem Gemahl
Bald Theudelinde den Brautring.   Stets trägt jedoch des
Geschicks
Gunst die Sterblichen, sei'n sie niedrig oder an Macht groß:
Authars Blume welkte dahin frühzeitig an schnödem Gift,
Das der Nebenbuhler, ein Sohn der tückischen Brunhild,
Jenem sendete, Childebert;
Doch pflegte des Reichs die Bojoarin.

Sie trug den seltenen Schatz der Weisheit im Gemüth,
Es dient' Italien ihr.
Oftmals begründeten Fraun manch herrschaftsgewalti-
ges Reich,
Weil dem Männergeschlecht an klugem Sinn sie voranstehn;
(Wol bezeugt's der späteren Zeit England und Elisabeth,
Kämpfe nahm die Tochter des sechsten Karls mit der Welt auf,
Moskowitische Geißel schwang
Siegreich die entmenschte Messalina.)

Die longobardische Königin theilte dem Volk
Gerechte Satzungen aus,
(Heilvoll ergänzt des Naturtriebs Wildheit das weise Gesetz,
Das der Blüte des Menschengeistes herbere Frucht ist)
Während rings der Menge sie kundthun ließ des Erlösers
Wort:
Endlich schickt Gregorius ihr, der heilige Welthirt,
Jene Krone von Eisen zu,
Nachwachsender Helden höchstes Kleinod.

Es fliehn in rascher Geburt die Weltloose dahin,
Es wechselt Leben und Grab.
Uns nächste Zeiten, o Herr, sahn nochmals ein blühendes Weib
Deines Stamms in dem Fürstenstuhl der mächtigen Ahnfrau:

Theubelinden glich sie an Form, reizvoll wie ein Strahl
              des Lichts,
Nicht an Glück. Es fallen des übermüthigen Schicksals
Würfel tückisch und ungestüm,
Umwälzenden Tagen stürmt Gefahr nach;

Und wird zum Schwerte der Pflug, so bricht Königen selbst
Entzwei der güldene Reif.
Graunvoll zerstört der Gewalt Bergsturz rings die Fülle
              des Thals:
Wol erfuhr's die erhabene Frau, des fränkischen Ehbunds
Opfer, ja, die Tochter sogar, jenseitig des Oceans
Eines Kaisers Braut an der palmenschattigen Meerbucht.
Doch im Munde des Dichters lebt
Gleichreizend und ewig Heil und Unheil.

Abschied von Rom.
1827.

  – ◡ – – ◡ ◡ – – ◡ ◡ – – –
  – – ◡ ◡ – – ◡ ◡ – – – –
  – ◡ – – – ◡ ◡ – – ◡ ◡ – – ◡ ◡ – –
  – ◡ ◡ – ◡ ◡ – – – ◡ –
  – ◡ ◡ – ◡ ◡ –
  ◡ ◡ – – ◡ ◡ –
  – ◡ – – – ◡ –

Wer vorbeiziehn darf an dem Appischen Weg, südwärts
             gewandt,
Wem aus des Sumpflands Wiese der magischen Göttin
Vorgebirg ragt, (welche dereinst dem Odysseus reichte den
             Becher, indem sie
Süßen Gesang an dem Webstuhl sanft erhob),
Nenne beglückt sich, er hat
Die umwölkt schwermüthige
Fieberluft Roms hinter sich!

Frommt der Sehnsucht langeverschollener That lebloser
             Hauch?
Frommt jenes urzeitkundigen Mannes Bericht uns,
Der erzählt, hier wurde geraubt ein Gespann Pflugstiere dem
            Sohne des Zeus, dort

Legte den ewigen Grundstein Romulus,
Hier am Egerischen Quell,
Wo ein Hain sonst rauschte, trank
Numa Weisheit, frommt es uns?

Wüstenein blos blieben und Trümmer. Erspähn mag,
                    zeigen mag
Neugier den Unheilsort, wo der blutende Cäsar
Lag, des Orts Bildsäule sogar, wo er fiel, Bildsäule des
                    göttlichen Feldherrn,
Der, in Pharsalus entmannt, durch Tempe's Thal
Floh, das elysische Thal,
Wo des Stromgotts Urne längs
Grüner Aun Goldfluten gießt.

Doch ein Fahrzeug segelte bald in des Mordstrands Hafen ihn:
Nicht ohne Gram, nicht ohne die Thräne der Wehmuth,
Sah des Todfeinds Leiche der Sieger, gedenk ehmaliger
                    Tage der Freundschaft,
Oder beweinend im Geist Roms Loos, er selbst
Römer, der Frevelnde, der
Es gestürzt. Zeitläufte flohn,
Aber Rom sank, sank und sinkt.

Zwar es fällt langsam, wie das Dauernde fällt, großartigem
Mannsinne gleich, der Sphärengesänge des Wohllauts
Jener Welt — zuführt dem ermüdenden Werktagsleben und
                    Schwärmer gehöhnt wird,
Während allein er das All klardenkend wägt;
Doch der Beladene beugt
In den Staub allmählich sein
Sinnend Haupt leidvoll hinab.

Also Rom. Nichts frommte der üppige Prunk blutgieriger
Selbstherrscher ihm. Neusprossende Palme des Glaubens,
Die du blos tiefsinnige Schatten umherwarfst über die
                    Male der Vorzeit,
Retteten Glanz und des Pomps Scheinkünste dich?
Möge die Schulter des Volks
Den Juwelstuhl tragen, der
Deines Gotts Statthalter trägt!

Aus dem Prachtschutt Roms den korinthischen Knauf, ja,
　　　　　Säulenreihn
Wegführend stützt, Raubsucht zu verewigen, sinnlos
Dein Levit Bethäuser in düsterer Form, Unschönes und
　　　　　Schönes in Einklang
Zwingend umsonst. Es erhebt Sanct Peter sein
Kuppelerhabenes Dach:
Den Titansbau stört indeß
Wittenbergs stahlharter Mönch.

Nun verlor dein Schlüssel, Apostelgewaltherrschaft die Gunst,
Er, der der Weltstadt Segen ertheilt und dem Weltkreis:
Nur Erinnrung blieb. Sie entriß die Heroen altheidnischer
　　　　　Sage dem Erbschutt!
Blutend verhaucht der Athlet siegswerthe Kraft,
Pfeile versendet der Gott
Des Gesangs, Wehmuth erweckt
Hadrians bildschöner Freund.

Als an Josephs Brust das Sirenengeschoß abprallen sah
Dein Kirchenhaupt, andächtiges Rom, und der sechste
Pius demuthsreich von dem Kaiserbesuch heimzog, der er-
　　　　　habene Pilgrim,
Während entschlüpfte der Obmacht Scepter ihm,
Schuf er die neue Gewalt,
Und es ward dein Zauberstab
Ihm ein Feldherrnstab, o Kunst!

Steigen läßt sein Wort Obelisken empor, Golddecken wölbt,
Prunkwände zieht, ausbreitet das schöne Musivwerk
Sein Geheiß, euch würdige Sitze zu weihn, Denkmäler! (O
　　　　　hätt' er gefunden
Mildere Schickungen! Frankreichs Kerkerluft
Athmete sterbend er aus:
Es verließ gramschwer der Greis
Deinen Festraum, Vatican!)

Doch den Anblick trübt des verschwendeten Bildwerks
　　　　　Uebermaß,
Unruhe schwankt zaghaft, wie die Seele der Jungfrau

Aus der Schaar anmuthiger Freier den anmuthsvollsten zu
wählen umherschwankt:
Uebergenüssen erliegt oftmals der Geist.
Nicht das Vergangene frommt,
Da der Bildkraft Schüler selbst
Nicht die Kunst lernt durch die Kunst.

Hörst du gern Rath an, so beginne zuerst Einfaches blos:
Vollkommenheit treibt Früchte hervor an erprobten
Stämmen, Freund! Nicht wolle zu frühe der Griechheit huldi-
gen! Wächserne Federn
Klebt an den Nacken des Flugs Nachahmer blos;
Aber es blühn in des Lichts
Region Sternbilder Ihm,
Den die Schwungkraft oben hält.

Manchen Geist zwar schafft die beseelte Natur, der Grie-
chenlands
Blos noch dem Stumpfsinn hieroglyphische Schönheit
Kennt und hold ausbildet unsterbliche Form. Aufweckt an
dem rosenumhauchten
Silbergeplätscher des Bergquells wieder er
Alten, olympischen Tanz:
So erschuf Thorwaldsen aus
Götterdämmrung Tageslicht.

Aber dies Lied gleicht dem verirrenden Waidmann; Nachtigall-
Ton lockt hinweg sein Herz von des Wildes Verfolgung:
Ohne Pfad schweift rings in Gebüsch, in Gefild, Laubwälder
und Felsen entlang er;
Endlich verscheucht der Gebirgsschlucht Wasserfall
Jeden Gesang und den Traum
Des Gemüths ihm. Wieder sucht
Seinen Jagdweg Jener auf.

Selig, wem Thatkraft und behaglichen Sinn leiht Gegenwart,
Wer neu sich selbst fühlt, Neues zu bilden bedacht ist,
Wem das Dasein ewig erscheint, und der Tod selbst eine
Despotenerfindung,

Deren Gedanke des Glücks Pulsschläge hemmt:
Gerne verläßt er und froh,
Kapitol, dein Schattenreich,
Eure Pracht, Kirchhöfe Roms!

Lenz des Erdballs! Parthenopäische Flur! Stets neue Stadt!
Aufnimm den Freund, geuß rauschende Buchten umher ihm,
Denen einst (urweltliche Fabel erzählt's) wollüstig entstie-
                              gen die Schönheit;
Myrten der Küste, des Flutschaums Blum' im Haar;
Aber es reichte, sobald
Sie ans Land stieg, Bacchus auch
Seines Weinlaubs Thyrsus ihr!

Mir zum Beistand naht des quirinischen Weltruhms Dich-
                             ter selbst:
Aus Griechenland heimkehrend ereilte der Tod ihn;
Doch es deckt kein römischer Hügel des Frühwegsterbenden
                             Staub in der Urne:
Meinen Gebeinen, befahl sein letzter Wunsch,
Werde Neapel Asyl,
Wo in Fruchthainlauben ich
Hirten, Feldbau, Helden sang.

An die Brüder Frizzoni in Bergamo. [11]
1831.

‒ ◡ ‒ ‒ ‒ ◡ ‒ ‒ ◡ ‒
‒ ◡ ‒ ‒ ‒ ◡ ‒ ◡ ◡ ‒ ◡ ‒
‒ ◡ ‒ ‒ ‒ ◡ ‒ ‒ ◡ ◡ ‒
‒ ◡ ‒ ‒ ‒ ◡ ‒ ‒ ◡ ◡ ‒
‒ ◡ ‒ ‒ ‒ ◡ ◡ ‒ ◡ ‒
‒ ‒ ◡ ◡ ‒ ◡ ◡ ‒ ‒ ◡ ‒ ◡ ‒

Manchen Vorwurf mußt' ich ertragen von euch,
Weil so lang Pausilippo's Ufer den Freund festhalten, indeß
Zwischen Alpen und Po sich ausdehnt, welche Flur!
Weinbekränzt, voll klarer Seen, volkreich und geschmückt
Durch der ehmals mächtigen Städte Gemeinsinn,
Der herbeirief edle Kunst,
Anschauliche Form zu verleihn bildloser Wahrheit schöpferisch.

Nicht verschmäht mein festlicher Sang, in des Lobs
Süßen Born eintauchend der Fittige weithinschattiges Paar,
Euch lombardischer Heimatflur Preislied zu weihn.
Als in dämmrungsgrauer Vorzeit Alboin einst
Aus dem Nord herführte gepanzerte Heerschaar,
Sah der Fürst, der auf des Bergs
Schneegipfel erobernden Blick ließ schweifen, solch frucht-
                                     reich Gefild

Hocherstaunt, klomm fröhlich herab und erwarb's.
Widerstand nicht hätte vermocht zu entziehn ihm größeres
                                     Ziel,
Wär's das leuchtende Rom sogar; bald stört jedoch
Seines Muths siegswerthen Plan ihm häusliches Weh,
Welches ihm Roßmunda bereitete, die ihm
Durch Gewalt ward anvermählt,
Unwilligen Sinns, im Gemüth ausbrütend Rachsucht gren-
                                     zenlos!

Denn es fiel ihr Vater voreinst in dem Kampf
Durch den Beilschlag Dessen, an den in des Ehbunds schnöde
                                     Gewalt
Nun das Loos sie geknüpft. Der Sieg zeugt Uebermuth:
Durch die Burg scholl Jubel, laut auftobte das Fest,
Als Pokal rings kreiste der Schädel des Feindes;
Diesen hob Fürst Alboin
Trotzvoll, in berauschter Bethörtheit, auf und sprach: Roß-
                                     munda, trink!

Jene trank; Stolz hemmte den Zährenerguß,
Als sie wog schmerzvoll in der Hand des geliebt ehrwür-
                                     digen Haupts
Theure Last, und Vergeltung schwur stillschweigend ihr
Blick, und tief trübt ihn der Ohnmacht Jammergefühl.
Gegen Kraft hilft List nur allein und des Goldes
Allgewalt; Schönheit erreicht
Durch üppige Künste so manch Wunschziel und durch Lieb-
                                     kosungen.

Alboins Freund fiel in die Netze des Weibs,
Helmiches; Schmach sinnt er dem Könige, sinnt blutdür=
stigeres.
Nacht umhüllte Verona's Burg, kampfmüder Schlaf:
Sieh, da schlich, Mordlust im Sinn, Roßmunda gemach,
Wo der Held ausathmete ruhigen Schlummer;
Aber daß wehrlos er sei,
Trägt weit von dem Lager sie weg Streitaxt und Schwert,
Welschlands Ruin;

Dann die Mordschaar winkt sie heran. Es versucht
Alboin fruchtlos mit dem Schemel den scharf eindringenden
Stahl
Abzuwehren, und bald entseelt trieft blutig sein
Nackter Leib. Nicht fühle Neid, wer fern von des Ruhms
Glatter Bahn aufwärts zu der Könige Thron blickt:
Ihr Geschick ist faltenreich,
Aufwickelnd enthüllt es Gefahr oftmals und weissagt jähen
Sturz.

Aber Unthat reiht an den Frevel sich an:
Jenes Paar einsammelte blutiger Aussaat Erntegebühr.
Stes umsonst um die Königin warb Helmiches:
Andres Ehbunds lüstern, den darbot der Exarch,
Der der Herrschaft pflog in dem alten Ravenna,
Haßt des Mords Mithelfer sie,
Wirft ihm in des schäumigen Weins Kelchglas ein mark=
aufzehrend Gift.

Als jedoch halb kaum er getrunken, erkennt
Helmiches wuthvoll den Verrath; er entblößt zweischneidigen
Dolch,
Drohend, bis sie des Bechers Rest selbst ausgeschlürft. —
Voll von Unheil; groß jedoch tönt sonstiger Zeit
Sage, gern flicht seinem Gesang sie der Dichter
Ein, und führt klangreich vorbei
Prachtströmige Wogen des Lieds, urdeutscher Vorwelt gern
gedenk.

Doch er weilt stets lieber im Rosengebüsch,
Das der leisauftretende Friede gewölbt dicht über dem Quell,
Wo Genuß in dem Schooß der Freundschaft selig ruht:
Mög' um euch sanft schimmern leichthinwallenden Tags
Mildes Licht! Nie möge der Krieg und die Seuche,
Deren Wuth jetzt füllt die Welt,
Einziehn in die Thäler, in die harmlos herabschaut Bergamo!

Eklogen und Idyllen.

Die Fischer auf Capri.
1827.

Haſt du Capri geſehn und des felſenumgürteten Eilands
Schroffes Geſtad als Pilger beſucht, dann weißt du, wie
ſelten
Dorten ein Landungsplatz für nahende Schiffe zu ſpähn iſt:
Nur zwei Stellen erſcheinen bequem. Manch mächtiges Fahr=
zeug
Mag der geräumige Hafen empfahn, der gegen Neapels
Lieblichen Golf hindeutet und gegen Salerns Meerbuſen.
Aber die andere Stelle (ſie nennen den kleineren Strand ſie)
Kehrt ſich gegen das obere Meer, in die wogende Wildniß,
Wo kein Ufer du ſiehſt, als das, auf welchem du ſelbſt ſtehſt.
Nur ein geringeres Boot mag hier anlanden, es liegen
Felſige Trümmer umher, und es brauſt die beſtändige
Brandung,
Auf dem erhöhteren Fels erſcheint ein zerfallenes Vorwerk,
Mit Schießſcharten verſehn; ſei's, daß hier immer ein
Wachtthurm
Ragte, den offenen Strand vor Algiers Flagge zu hüten,
Die von dem Eiland oft Jungfrauen und Jünglinge weg=
ſtahl;
Sei's, daß gegen den Stolz Englands und erfahrene See=
kunſt
Erſt in der jüngeren Zeit es erbaut der Napoleonide,
Dem Parthenope ſonſt ausſpannte die Pferde des Wagens,
Ihn dann aber verjagte, verrieth, ja tödtete, ſeit er
Ans treuloſe Geſtad durch ſchmeichelnde Briefe gelockt ward.
Steigſt du herab in den ſandigen Kies, ſo gewahrſt du ein
Felsſtück
Niedrig und platt in die Wogen hinaus Trotz bietend der
Brandung;

Dort anlehnt sich mit rundlichem Dach die bescheidene Woh-
                                                    nung
Dürftiger Fischer, es ist die entlegenste Hütte der Insel,
Blos durch riesige Steine beschützt vor stürmischem Andrang,
Der oft über den Sand wegspült und die Schwelle be-
                                                    netzt ihr.
Kaum hegt, irgend umher, einfachere Menschen die Erde;
Ja, kaum hegt sie sie noch, es ernährt sie die schäumende
                                                    Woge.
Nicht die Gefilde der Insel bewohnt dies arme Geschlecht, nie
Pflückt es des Oelbaums Frucht, nie schlummert es unter
                                                    dem Palmbaum:
Nur die verwilderte Myrthe noch blüht und der wuchernde
                                                    Cactus
Aus unwirthlichem Stein, nur wenige Blumen und Meergras;
Eher verwandt ist hier dem gewaltigen Schaumelemente
Als der beackerten Scholle der Mensch und dem üppigen
                                                    Saatfeld.
Gleiches Geschäft erbt stets von dem heutigen Tage der nächste:
Immer das Netz auswerfen, es einziehn; wieder es trocknen
Ueber dem sonnigen Kies, dann wieder es werfen und ein-
                                                    ziehn.
Hier hat frühe der Knabe versucht in der Welle zu plätschern,
Frühe das Steuer zu drehen gelernt und die Ruder zu
                                                    schlagen,
Hat als Kind muthwillig gestreichelt den rollenden Delphin,
Der, durch Töne gelockt, an die Barke heran sich wälzte.
Mög' euch Segen verleihen ein Gott, sammt jeglichem Tag-
                                                    werk,
Friedliche Menschen, so nah der Natur und dem Spiegel
                                                    des Weltalls!
Möge, da größeren Wunsch euch nie die Begierde gelispelt,
Möge der Thunfisch oft, euch Beute zu sein, und der Schwert-
                                                    fisch
Hier anschwimmen! Es liebt sie der Esser im reichen Neapel.
Glückliche Fischer! wie auch Kriegsstürme verwandelt den
                                                    Erdkreis,
Freie zu Sklaven gestempelt und Reiche zu Dürftigen, ihr nur
Saht hier Spanier, saht hier Britten und Gallier herrschen,

Ruhig und fern dem Getöse der Welt, an den Grenzen der
                    Menschheit,
Zwischen dem schroffen Geklüft und des Meers anschwellen-
                    der Salzflut.
Lebet! Es lebten wie ihr des Geschlechts urälteste Väter,
Seit dies Eiland einst von dem Sitz der Sirene sich losriß,
Oder die Tochter Augusts hier süße Verbrechen bereute.

Bilder Neapels.
1827.

⌣ − ⌣ ⌣ − ⌣ ⌣ − ⌣ ⌣ − ⌣ −

Fremdling, komm in das große Neapel, und sieh's, und stirb!
Schlürfe Liebe, genieß des beweglichen Augenblicks
Reichsten Traum, des Gemüthes vereitelten Wunsch vergiß,
Und was Quälendes sonst in das Leben ein Dämon wob:
Ja, hier lerne genießen, und dann, o Beglückter, stirb! —
Im Halbzirkel umher, an dem lachenden Golf entlang,
Unabsehlich benetzt von dem laulichen Wogenschwall
Liegt von Schiffen und hohen Gebäuden ein weiter Kreis;
Wo sich zwischen die Felsengeklüfte des Bacchus Laub
Drängt, und stolz sich erhebt in die Winde der Palmen-
                    schaft —
Stattlich ziehn von den Hügeln herab sich die Wohnungen
Nach dem Ufer, und flach, wie ein Garten, erscheint das
                    Dach:
Dort nun magst du die See von der Höh' und den Berg
                    besehn,
Der sein aschiges Haupt in den eigenen Dampf verbirgt,
Dort auch Rosen und Reben erziehn und der Aloe
Starken Wuchs, und genießen die Kühle des Morgen-
                    winds. —
Fünf Castelle beschirmen und bändigen keck die Stadt:
Dort Sanct Elmo, wie droht's von dem grünenden Berg
                    herab!
Jenes andere, rings von Gewässern umplätschert, einst
War's der Garten Luculls, des entthronten Augustulus
Schönes Inselasyl, in die Welle hinausgestreckt. —

Wo du gehst, es ergießen in Strömen die Menschen sich:
Willst zum Strande du folgen vielleicht und die Fischer sehn,
Wie mit nerviger Kraft an das Ufer sie ziehn das Netz,
Singend, fröhliches Muths, in beglückender Dürftigkeit?
Und schon lauert der bettelnde Mönch an dem Ufersand,
Heischt sein Theil von dem Fang, und die Milderen rei-
                                              chen's ihm.
Ihre Weiber indeß, in beständiger Plauderlust,
Sitzen unter den Thüren, die Spindel zur Hand umher.
Sieh, da zeigt sich ein heiteres Paar, und es zieht im Nu
Castagnetten hervor und beginnt die bacchantische
Tarantella, den üppigen Tanz, und es bildet sich
Um die beiden ein Kreis von Beschauenden flugs umher;
Mädchen kommen sogleich und erregen das Tamburin,
Dem einfacheren Ohr der Zufriedenen ist's Musik:
Zierlich wendet die Schöne sich nun, und der blühende
Jüngling auch. Wie er springt! wie er leicht und behend
                                              sich dreht,
Stampfend, Feuer im Blick! Und er wirft ihr die Rose zu.
Anmuth aber verläßt den Begehrenden nie, sie zähmt
Sein wollüstiges Auge mit reizender Allgewalt:
Wohl dem Volke, dem glücklichen, dem die Natur verliehn
Angeborenes Maß, dem entfesselten Norden fremd! —
Durch's Gewühle mit Müh', ein Ermattender, drängst du dich,
Andere Gassen hindurch; der Verkäufer und Käufer Lärm
Ringsum. Horch, wie sie preisen die Waare mit lautem Ruf!
Käuflich Alles, die Sache, der Mensch, und die Seele selbst.
Aus Carossen und sonstigem Pferdegespann, wie schrein
Wagenlenker um dich, und der dürftige Knabe, der
Auf die Kutsche sogleich, dir ein Diener zu sein, sich stellt.
Sieh, hier zügelt das Cabriolet ein beleibter Mönch,
Und sein Eselchen geißelt ein anderer wohlgemuth.
Kuppler lispeln indeß, und es winselt ein Bettler dir
Manches Ave, verschämt das Gesicht mit dem Tuch bedeckt.
Dort steht müßiges Volk um den hölzernen Pulcinell,
Der vom Marionettengebälke possirlich glotzt;
Hier Wahrsager mit ihrer gesprenkelten Schlangenbrut. —
Alles tummelt im Freien sich hier: der geschäftige
Garkoch siedet, er fürchtet den seltenen Regen nicht;

Ihn umgibt ein Matrosengeschwader, die heiße Kost
Schlingend gieriges Muths. An die Ecke der Straße dort
Setzt ihr Tischchen mit Kupfermonneten die Wechslerin,
Hier den Stuhl der gewandte Barbier, und er schabt, nachdem
Erst entgegen dem sonnigen Strahl er ein Tuch gespannt.
Dort im Schatten die Tische des fertigen Schreibervolks,
Stets bereit zu Bericht und Suppliken und Liebesbrief:
Ob ein Knabe dictire der fernen Ersehnten sein
Seufzen, oder ein leidendes Weib den verwiesenen
Gatten tröste, verbannt nach entlegener Insel, ihn,
Der sein freies Gemüth in dem untersten Kerker quält
Hoffnungslos, und den Lohn, der erhabenen Tugend Lohn
Erntet. — Aber entferne die schattende Wolke, Schmerz! —
Auch zum Molo bewegt sich die Menge, wo hingestreckt
Sonnt die nackenden Glieder der bräunliche Lazzaron.
Capri siehst du von fern in dem ruhigen Wellenspiel;
Schiffe kommen und gehn, es erklettern den höchsten Mast
Flugs Matrosen, es ladet die Barke dich ein zur Fahrt.
Den Erzähler indessen umwimmelt es, Jung und Alt,
Stehend, sitzend, zur Erde gelagert und über's Knie
Beide Hände gefaltet, in horchender Wißbegier:
Roland singt er, er singt das gefabelte Schwert Rinalds;
Oft durch Glossen erklärt er die schwierigen Stanzen, oft
Unterbrechen die Hörer mit muthigem Ruf den Mann.
Aufersteh', o Homer! Wenn im Norden vielleicht man dich
Kalt wegwiese von Thüre zu Thür'; o so fändst du hier
Ein halbgriechisches Volk und ein griechisches Firmament! —
Mancher Dichter vielleicht, in der Oede des Nords erzeugt,
Schleicht hier unter dem Himmel des Glücks und dem
     Heimatland
Stimmt er süßen Gesang und gediegenen Redeton,
Den es heute vermag zu genießen und morgen noch,
Der zunimmt an Geschmack mit den Jahren, wie deutscher
     Wein:
Freiheit singt er und männliche Würde der feigen Zeit,
Schmach dem Heuchler und Fluch dem Bedrücker und
     Jedem, der
Knechtschaft prediget, welche des Menschengeschlechts Verderb.
Ach, nicht wähnt er den Neid zu besiegen und weilt entfernt,

Taub den Feinden und hoffend, es werde die spätre Welt
Spreu vom Weizen zu scheiden verstehn. — Wie erhaben sinkt
Schon die Sonne! Du ruhst in der Barke, wie süß gewiegt!
Weit im Cirkel umher, an dem busigen Rand des Golfs,
Zünden Lichter und Flämmchen sich an in Unzähligkeit,
Und mit Fackeln befahren die Fischer das goldne Meer.
O balsamische Nächte Neapels! Erläßlich scheint's,
Wenn auf kurze Minuten das schwelgende Herz um euch
Selbst Sanct Peter vergißt und das göttliche Pantheon,
Monte Mario selbst, und o Villa Pamphili, dich,
Deiner Brunnen und Lorbeerumschattungen kühlsten Sitz! —
Doch der Morgen erscheint, und der Gipfel des Tags
       nach ihm:
Traust du schon dem Gelispel der Welle dich an? Wohin?
Führt ein Wind die Orangengerüche Sorrents heran?
Ja, schon schimmert von fern an dem Strande, mit Tasso's
       Haus,
Jene felsige Stadt, die berauschende, voll von Duft.

Amalfi.

1827.

Festtag ist's und belebt sind Zellen und Gänge des Klosters,
Welches am Felsabhang in der Nähe des schönen Amalfi
Flut und Gebirge beherrscht, und dem Auge behaglichen
       Spielraum
Gönnt, zu den Füßen das Meer und hinaufwärts kantige
       Gipfel,
Steile Terrassen umher, wo in Lauben die Rebe sich aufrankt.
Doch nicht Mönche bewohnen es mehr, nicht alte Choräle
Hallen im Kirchengewölb' und erwecken das Echo des Kreuz=
       gangs:
Leer steht Saal und Gemach, in den Kalktuffgrotten der
       Felswand
Knien, der Gebete beraubt, eingehende Heiligenbilder.
Sonntags aber entschallt den veröbeten, langen Gebäuden
Frohe Musik, es besucht sie die lustige Jugend Amalfi's:
Kinder beschwingen im Hof, blitzäugige Knaben, den Kreisel

Rasch an der Schnur, und sie fangen den taumelnden dann
                        in der Hand auf;
Aeltere werfen die Kugel indeß, die Entfernungen messend,
Zählen, im Spiele der Morra, die Finger mit hurtigem
                        Scharfblick,
Oder sie stimmen zu rauhem Gesang einfache Gitarren,
Freudebewegt. Theilnehmend erscheint ein gesitteter Jüng-
                        ling
Unter der Schaar, doch nicht in die Spiele sich selbst ein-
                        mengend:
Hoch vom steilen Gebirge, das Fest zu begehn in Amalfi,
Schön wie ein Engel des Herrn, in die Tiefe herunterge-
                        stiegen:
Reizend in Ringen umkräuselt die Brau'n schwarzlockigen
                        Haupthaars
Schimmernde Nacht, rein leuchtet die blühende Flamme
                        des Auges,
Nie von Begierde getrübt und dem Blick zweideutiger
                        Freundschaft,
Welche dem kochenden Blut in der südlichen Sonne gemein ist.
Doch wer kann, da die Zeit hinrollt, festhalten die Schönheit?

Schweige davon! Rings gähnt, wie ein Schlund, die ge-
                        wisse Zerstörung:
Tritt auf jene Balcone hinaus, und in duftiger Ferne
Siehst du das Ufer entlegener Bucht und am Ufer er-
                        blickst du
Herrlicher Säulen in Reih'n aufstrebendes, dorisches Bild-
                        werk.
Nur Eidechsen umklettern es jetzt, nur flatternde Raben
Ziehen geschaart jetzt über das offene Dach lautkreischend;
Brombeern decken die Stufen, und viel giftsamiges Unkraut
Kleidet den riesigen Sturz abfallender Trümmer in Grün ein.
Seit Jahrtausenden ruht, sich selbst hinreichend und einsam,
Voll trotzbietender Kraft, dein fallender Tempel, Poseidon,
Mitten im Haidegefild und zunächst an des Meers Einöde.
Völker und Reiche zerstoben indeß, und es welkte für ewig
Jene dem Lenz nie wieder gelungene Rose von Pästum!

Aber ich laſſe den Geiſt abirren. O komm nach Amalfi,
Komm nach Amalfi zurück! Hier führt ein lebendiges Tag-
werk
Menſchen vorüber. Wenn auch einſtürzen die Burgen der
Väter
Auf des Gebirgs Vorſprüngen, wenn auch kein Maſaniello, [12]
Der die Gemüther des Volks durch ſiegende Suada dahinriß,
Willkür haßt, noch branden die Wellen, es rudert der Enkel,
Wie es der Ahnherr that in den blühenden Tagen des
Freiſtaats,
Noch aus heimiſcher Bucht, aufziehend die Segel, das
Fahrzeug.

Sprich, was reizender iſt? Nach Süden die Fläche der
Salzflut,
Wenn ſie ſmaragdgrün liegt um zackige Klippen, und an-
wogt,
Oder der plätſchernde Bach nach Norden im ſchattigen
Mühlthal?
Sei mir, werde gegrüßt dreimal mir, ſchönes Amalfi,
Dreimal werde gegrüßt! Die Natur lacht Segen, es wandeln
Liebliche Mädchen umher und gefällige Knabengeſtalten,
Wo du den Blick ruhn läſſeſt in dieſem Aſyle der Anmuth
Ja, hier könnte die Tage des irdiſchen Seins ausleben,
Ruhig wie ſchwimmendes Silbergewölk durch Nächte des
Vollmonds,
Irgend ein Herz, nach Stille begierig und ſüßer Be-
ſchränkung.

Aber es läßt ehrgeiziger Bruſt unſtäte Begier mich
Wieder verlaſſen den Sitz preiswürdiger Erdebewohner,
Bannt am Ende vielleicht in des Nords Schneewüſte zurück
mich,
Wo mein lautendes Wort gleichlautendem Worte begegnet.

Hirte und Winzerin.

1828.

Winzerin.

Sei willkommen im Freien, Antonio! Selten erscheinst du:
Siehe, wie klar fernher duftet das blaue Gebirg!

Hirte.

Hier an des Weinbergs Thür und am Thore der Villa
Borghese
Hab' ich um dich oftmals, aber vergebens, geforscht.

Winzerin.

Gestern am Festtag war ich in Rom, und in Sanct Agnese
Auf dem Navonischen Platz hört' ich die schöne Musik.

Hirte.

Sahst du den schönen Sebastian auch in der linken Kapelle?
Unter den Heiligen ist dieser, der nackte, beliebt.

Winzerin.

Unter den Liebenden sind in der Seele die Frechen ver=
haßt mir:
Rohes Gespräch schreckt ab, zierliche Rede gefällt.

Hirte.

Hab' ich die süßesten doch, die gescheidtesten Worte ver=
schwendet!
Frostig beharrst du, wie dort auf dem Sorakte der Schnee.

Winzerin.

Kommt Weihnachten heran, mein Süßer, und reift die Orange,
Werde mit Früchten der Korb, welchen ich gebe, gefüllt.

Hirte.

Deinem Geliebten den Korb? Nie würdest du bieten den
Korb mir,
Hätte Vincenz nicht mich, deinen Geliebten, verdrängt.

Winzerin.

Wäre Vincenz mir werth, kaum hätt' ich zu schämen der
Wahl mich,
Ehe der Flaum ihm schwoll, küßtest den Schönen du selbst.

13*

Hirte.

Mir nun ist er ein Gegner geworden, und gestern in heft'gem
    Wechselgesangs Wettstreit improbisirt' ich mit ihm.

Winzerin.

Ihm fehlt selten ein Reim, auch dir fehlt selten ein Reim,
    Freund!
Aber des Volks Beifall wurde dem Knaben zu Theil.

Hirte.

Weil er in sammtener Jacke stolzirt und die Schärpe so
    schön trägt,
Ihm drum schenken die Frau'n, gönnen die Männer den
    Preis.

Winzerin.

Kein gleichgiltiger Punkt in der Lieb' ist zierliche Kleidung,
    Feineren Sitten entspricht gerne der feinere Hut.

Hirte.

Blos mit dem Spitzhut wandl' ich einher und in zottigem
    Wollvließ;
Aber ich kann gleich Ihm zärtlich empfinden und zart.

Winzerin.

Freund! jetzt eil' ich hinein. Schon läutet es Ave Maria,
    Hinter dem Marioberg gleitet die Sonne hinab.

Hirte.

Laß halboffen, o laß halboffen die Thüre des Weinbergs,
    Fühle, wie sehr Sehnsucht meine Gebeine verzehrt!

Winzerin.

Dort schon glänzt ein Gestirn und es glänzt dein leuch=
    tendes Auge;
Aber du mußt Abschied nehmen, ich schließe die Thür.

Hirte.

Siehe der sträubenden Hand den eroberten Schlüssel ent=
    wind' ich:
Liebliches Kind, oftmals frommt in der Liebe Gewalt.

Winzerin.

Gieb mir wieder den Schlüssel, Verrath in der Liebe ge-
ziemt nicht!
Wer im Streit nachgibt, fesselt ein weibliches Herz.

Hirte.

Wer im Streit nachgibt, gibt Stoff zu Gelächter. Allein jetzt
Gehe hinein, schon wird's dunkel, o gehe hinein!

Winzerin.

Spötter! Ich gehe, du magst nachfolgen, ich weiche der
List blos;
Doch Jedwedem geheim bleibe der späte Besuch!

Einladung nach der Insel Palmaria.
An den Freiherrn von Rumohr.
1828.

Wo Spezia's siebenbusiger Golf nach Westen hin
Sich öffnet gegen Corsica,
Stand ehedem ein Venustempel, jetzo ragt
Am Ufer eine kleine Stadt.
Ihr dehnt ein Eiland gegenüber lang sich aus,
Der Schiffer nennt's Palmaria:
Nur wenige Hütten zählt es, hier und dort verstreut,
Bewohner zählt es wenige;
Oelbäume stehn am minderschroffen Bergeshang,
Die meergewohnte Myrte blüht
Nach allen Seiten, Rebe gedeiht und Feigenbaum,
Den Gipfel krönen Pinien.
In einer Bucht am Ufer aber locke dich
Die kleine Villa halbversteckt.
Für diesen Sommer ist sie mein, und jeden Tag
Erquicken hier des Morgenwinds,
Der reinen Luft, des salzigen Bades Kühlungen,
Und ungestörte Muße mich.
Carrara's Marmorberge steigen fern empor,
Zu ihren Füßen Lerici,
(Wo jenes Dichters Freund ertrank, und dann von ihm
Bestattet ward im Aschenkrug). [13]

Mit kahler Stirne ragen dort des Appenins
　　Bergrücken, während wohlgemuth
Vorüber leichte Schiffe ziehn, um hier und dort
　　Kaufmännisch aufzustapeln, was
An Pomeranzen senden mag Sicilien,
　　An fremden Weinen Genua.
Doch, wenn du dich einbürgern wolltest hier vielleicht,
　　So sollst du wissen, was gebricht:
Nichts fehlt zu dieses Aufenthalts Behaglichkeit
　　Als folgerechte Küchenkunst;
Ein rauher Seemann waltet mir am Herde jetzt,
　　Der stets von Porto Venere
Des Morgens holt zu Schiffe meinen Hausbedarf,
　　Als Koch und als Matrose dient.
Da dies Bekenntniß im Voraus ich abgelegt,
　　So darf ich immer sagen: Komm!
Wofern die Schatten deines florentinischen
　　Landhauses je du missen kannst,
Das oft als Gastfreund liebend mich und gern empfing,
　　Zu wohlbestelltem Tische lud;
Wofern in einem Himmelsstrich du leben magst,
　　Der keinen Raphael gebar;
(Doch zeugten diese Küsten auch Unsterbliche,
　　Columbus und Napoleon!)
Wofern du, dem so theuer ist toscanischer,
　　Vibrirter Consonantenhauch,
An Genueserspache dich, an gallische
　　Verweichligung gewöhnen kannst:
So komm! Wo nicht, so lebe wohl! An jedem Ort
　　Bleibt stets ja doch dein Eigenthum
Der edle Scharfblick, welcher mißt der Künste Reich,
　　Und eine Seele voll von Huld!
Doch eilst du dieser Insel zu, so male dir
　　Nicht Capri vor und nicht Sorrent,
Wo ewige Wolluft flötet, als Sirene lauscht,
　　Und flötet ihren Klageton!
Thorheit und Unruh waren's, deren falsche Hast
　　Mich nach dem Norden angespornt;
Doch folgte balbige Reue nach, und leise tritt

Sehnsucht in ihr poetisch Recht.
Sobald ich Mailands alten Dom und jene Stadt,
    Die auf dem Meere steht, gesehn,
Sobald Ariosts und Dante's Grab ich fromm besucht,
    Um deren edle Schläfe nie
Lorbeern genug aufhäufen kann Bewunderung:
    Verdoppelt eile dann der Schritt
Dem Süden wieder zugewendet pfeilgeschwind,
    Ancona's hohem Strand vorbei,
Und Rom sogar und Conradins Schlachtfeld vorbei,
    Zurück in mein gelobtes Land,
Bis mich zuletzt absondere vom Gewühl des Tags
    Der stillste Pomeranzenhain.

Philemons Tod.
1833.

Als einst Athen Antigonus belagerte,
Da saß der alte, neun und neunzigjährige
Poet Philemon, mächtiger Dichter Ueberrest,
In dürftiger Wohnung saß er da gedankenvoll:
Er, der Athens glorreichsten Tagen beigewohnt,
Der deine Philippiken angehört, Demosthenes,
Und oft den Preis errungen durch anmuthige,
Weisheitserfüllte, die er schrieb, Komödien.
Da schien es ihm, als schritten neun jungfräuliche
Gestalten, leis an ihm vorbei, zur Thür hinaus.
Der Greis jedoch sprach dieses: Sagt, o sagt, warum
Verlasset ihr mich, Holde, Musenähnliche?
Und jene Mädchen, scheidend schön, erwiderten:
Wir wollen nicht den Untergang Athens beschaun!
Da rief Philemon seinem Knaben und foderte
Den Griffel, dieser wird sofort ihm dargereicht.
Den letzten Vers dann einer unvollendeten
Komödie schreibt der Alte, legt das Täfelchen
Hinweg und ruhig sinkt er auf die Lagerstatt,
Und schläft den Schlaf, von dem der Mensch niemals erwacht.
Bald ward Athen zur Beute Macedonien.

Das Fischermädchen in Burano. [14]

1833.

Strick mir fleißig am Netz, ihr Schwestern! Es soll's
                                   der Geliebte
Heut noch haben, sobald im besegelten Nachen er heimkehrt.

Weshalb zaudert er heute so lang? Die Lagune verflacht sich
Schon, und es legt sich der Wind; um das leuchtende
                                   hohe Venedig,
Wie es den Wassern entsteigt, ausbreitet sich Abendgewölk schon.
Ostwärts fuhren sie heut mit dem Fahrzeug gegen Altino,
Wo in den Schutt hinsank ehmals die bevölkerte Seestadt.
Häufig erbeuten sie dort Goldmünzen und prächtige Steine,
Wenn sie das Netz einziehn, die betagteren Fischer erzählen's:
Möchtest du auch, o Geliebter, und recht was Köstliches finden!

Schön wol ist es zu fischen am Abende, wann die Lagune
Blitzt, und das schimmernde Netz vom hangenden Meer=
                                   gras funkelt, [15]
Jegliche Masche wie Gold und die zappelnden Fische vergoldet;
Aber ich liebe vor Allem den Festtag, wann du daheimbleibst.
Auf dem besuchteren Platz dann wandelt die kräftige Jugend,
Jeder im Staat, mein Freund vor den übrigen schön und
                                   bescheiden.
Oftmals lauschen wir dann dem Erzähler, und wie er
                                   verkündigt
Worte der Heiligen uns, und die Thaten des frommen
                                   Albanus,
Welcher gemalt hier steht in der Kirche, des Orts Wohlthäter.
Doch als seine Gebeine hieher einst brachten die Schiffer,
Konnten sie nicht ans Ufer den Sarg ziehn, weil er so
                                   schwer schien;
Lange bemühten die starken, gewaltigen Männer umsonst sich,
Triefend von Schweiß, und zuletzt ließ Jeglicher ab von
                                   der Arbeit.
Siehe, da kamen heran unmündige lockige Kinder,
Spannten, als wär's zum Scherz, an das Seil sich, zogen
                                   den Sarg dann

Leicht an den Strand, ganz ohne Beschwerde, mit freund-
lichem Lächeln.
Dieses erzählt der bewanderte Greis, dann häufig erzählt er
Weltliche Dinge zumal, und den Raub der Benedischen
Bräute,
Die nach Olivolo gingen zum fröhlichen Fest der Ver-
mählung: [16]
Jede der Jungfraun trug in dem zierlichem Körbchen den
Mahlschatz,
Wie es die Sitte gebot. Ach, aber im Schilfe verborgen
Lauert ein Trupp Seeräuber; verwegene Thäter der Unthat
Stürzen sie plötzlich hervor und ergreifen die bebenden
Mädchen,
Schleppen ins Fahrzeug alle, mit hurtigen Rudern ent-
weichend.
Doch von Geschrei widerhallt schon rings das entsetzte
Venedig:
Schon ein bewaffneter Haufe von Jünglingen stürmt in
die Schiffe,
Ihnen der Doge voran. Bald holen sie ein die Verruchten,
Bald, nach männlichem Kampfe, zurück im verdienten
Triumphzug
Führen sie heim in die jubelnde Stadt die geretteten Jung-
fraun.
Also berichtet der ehrliche Greis, und es lauscht der Geliebte,
Rüstig und schlank, wol werth, auch Thaten zu thun wie
die Vorwelt.

Oft auch rudert hinüber ins nahe Torcello der Freund mich:
Ehmals war's, so erzählt er, von wimmelnden Menschen
bevölkert,
Wo sich in Einsamkeit jetzt salzige Wasserkanäle
Hinziehn, alle verschlammt, durch Felder und üppige Reben.
Aber er zeigt mir den Dom und des Attila steinernen
Sessel [17]
Auf dem veröbeten Platz mit dem alten zertrümmerten
Rathhaus,
Wo der geflügelte Löwe von Stein aus sonstigen Tagen
Ragt, als diese Lagunen beherrschte der heilige Markus: [18]

All Dies sagt mir der Freund, wie's ihm sein Vater ge-
          sagt hat.
Rudert er heimwärts mich, dann singt er ein heimisches
          Lied mir,
Bald „holdseliges Röschen" und bald „in der Gondel die
          Blonde."
Also vergeht, uns Allen zur Freude, der herrliche Festtag.

Strickt mir fleißig am Netz, ihr Schwestern! Es soll's
          der Geliebte
Heut noch haben, sobald im besegelten Nachen er heimkehrt.

Epigramme.

An die Poetaster.

Schlechten, gestümperten Versen genügt ein geringer Gehalt
schon,
Während die edlere Form tiefe Gedanken bedarf:
Wollte man euer Geschwätz ausprägen zur Sapphischen Ode,
Würde die Welt einsehn, daß es ein leeres Geschwätz.

Genie und Kunst.

Wen wahrhaft die Natur zum wirklichen Dichter gebildet,
Der wird emsig und voll Eifers erlernen die Kunst:
Nicht, weil nie er die Kunst ausgrübelte, stümpert der
Stümper,
Nein — weil ihm die Natur weigert den tiefen Impuls.

Halbdichter.

Das nicht heißt ein Gedicht, wenn irgend ein guter Gedanke,
Irgend ein glücklicher Vers zwischen erbärmlichen steht:
Jegliche Sylbe verrathe den Dichter, wofern er es ganz ist,
Was er gedacht, scheint uns niedergeschrieben in Erz.

An einen Theaterschriftsteller.

Weißt du, wodurch stets sinke die Kunst? Durch Schmieren
und Unfleiß:
Aerger als selbst Ohnmacht schadet das Sudelgeschlecht.

An Denselben.

Ehmals wog in der Wage die Jamben ein komischer Dichter;
Aber die deinigen sei'n unter die Kelter gelegt;
Pressest du aus der gesammten unzähligen Summe nur Einen
Neuen Gedanken heraus, werde die Summe verziehn.

Die wahre Pöbelherrschaft.

Nicht wo Sophokles einst trug Kränze, regierte der Pöbel;
  Doch wo Stümper den Kranz ernten, regiert er gewiß;
Pöbel und Zwingherrschaft sind innig verschwistert, die
                      Freiheit
  Hebt ein geläutertes Volk über den Pöbel empor.

Privilegien der Freiheit.

Freiheit, selbst wenn stürmisch und wild, weckt mächtigen
                      Genius:
  Mög' es bezeugen Athen, mög' es bewähren Florenz,
Wo man, während sie stand, aufwuchern Talent an Ta-
                      lent sah;
  Aber sie fiel, und zugleich alle Talente mit ihr.

Fruchtlose Zwangsanstalt.

Schlechtes verbietest du leicht, doch gegen des Genius Werke
  Sind ohnmächtig und schwach Scherge, Minister, Despot:
Während du glaubst das Genie zu beherrschen, beherrschest
                      du höchstens
  Blos des Genie's Leichnam, welchen die Seele verließ.

Geisterfurcht.

Dieser entsetzlichen Furcht vor dem Geist, ihr Guten, ent-
                      schlagt euch:
  Kommt ihm näher, er ist lieblich und ohne Gefahr.

Auf ein gewisses Collegium.

Wahrlich, du mahnst mich fast gleich einer Bedientenver-
                      sammlung:
  Laß ein Vergißmeinnicht sticken dir auf die Livree!

Sogenannte Freiheitskriege.

Freiheitskriege fürwahr! Stand einst Miltiades etwa
Mit Baschkiren im Bund, als er die Perser bezwang?

Der Galgen.

Namen der Trefflichen wurden an schmählichen Galgen
            geheftet,
Weil sie, den Polen vereint, tapfer, die Polen, gekämpft;
Aber das Volk nahm, ging es vorbei, vor dem Galgen den
            Hut ab,
Ja, bei nächtlicher Zeit ward er mit Blumen bekränzt.

An einen Despoten.

Teuflischer Heuchler! Du machst mit der Rechten das
            Zeichen des Kreuzes,
Doch mit der Linken indeß schlägst du die Völker ans
            Kreuz.

Deutsche Geschichte als Tragödie.

Welch babylonischer Thurm als Vorwurf tragischer Hand-
            lung!
Freilich, geschehen ist viel: aber es mangelt die That.

Napoleons Antwort.

Werde, so rief Dalberg dem Eroberer, Kaiser der Deutschen!
Jener versetzte: Mir ist eure Geschichte bekannt!

Reichthum und Einfalt.

Bunt Aneinandergereihtes ergötzt zwar; doch es ermüdet
Bald, Einfaches erquickt ewig das Auge des Geists.

Griechen und Britten.

Mächtig ergreift Shakespear, er zerfleischt und erschüttert
　　　　　das Herz dir;
　Aber so viel Wahrheit ist ein fataler Genuß:
Griechen erhoben den Jammer sogar in die Sphäre der
　　　　　Anmuth,
　Dir, dem Erstaunten, erscheint selbst das Unleidliche schön.

Epos und Drama.

Während du liebst in der epischen Kunst die homerische
　　　　　Breite,
　Liebst du sie denn deßhalb auch in der tragischen Kunst?
Wenn den Virgil du verklagst, der wie ein Dramatiker
　　　　　kurz ist,
　Tadelst du Shakespear'n nicht, der wie ein Epiker breit?

Sophokles Antigone.

Gottes Gesetz darstellend im Kampfe mit menschlicher Satzung,
　Hast du der tragischen Kunst innerste Tiefen erschöpft,
Hast durch dieses Gedicht so entzückt den Geschmack der
　　　　　Athener,
　Daß sie den Feldherrnstab fügten zum Kranze des Siegs.

Spanisches Theater.

Höchst volksmäßig und eigen und reich, voll gläubiger
　　　　　Andacht,
　Ist's an Entwicklung zwar, griechischer Bühne verwandt;
Doch es erscheint sein Ehrengesetz, sein gläubiger Sinn
　　　　　selbst
　Gegen des heidnischen Volks sittliche Größe Manier.

Alte und Neuere.

Sprecht von den Alten mit mehr Ehrfurcht, ihr Jünger
　　　　　der Seichtheit,
　Weil ihr ihnen ja doch Alles in Allem verdankt:

Kunst habt ihr von den Griechen erlernt, Politik von den
Römern,
Habt selbst Religion blos von den Juden gelernt.

Lessings Nathan.

Deutsche Tragödien hab' ich in Masse gelesen, die beste
Schien mir diese, wiewol ohne Gespenster und Spuk:
Hier ist Alles, Charakter und Geist und der edelsten
Menschheit
Bild, und die Götter vergehn vor dem alleinigen Gott.

Lustspiel und Trauerspiel.

Zwar Theorie schied einst den Cothurn vom Soccus, die
Griechen
Thaten es auch; wer that's aber zuerst? Die Natur.

Kotzebue.

Nach großartigen Thaten verfiel zwar jedes Theater;
Aber das unsrige war schon im Beginne Verfall.

Theater und Dichtkunst.

Ehmals wollt' ich in Hast ausmisten den Stall des Augeias;
Aber es trat Hermes, während ich keuchte, zu mir:
Nimm hier, sagte der Gott, die unsterblichen Saiten des
Orpheus;
Jedes Bemühns unwerth ist der verpestete Stall.

Corneille.

Seht der Tragödie Schöpfer in mir! Der bedürftigen Sprache
Gab ich zuerst Reichthum, Leben und Redegewalt.
Rückwärts ließ ich die griechische Fabel, und reine Geschichte
Stellt' ich zuerst rein dar, ohne gemeinere Form:
Rom's Herrschaft, Aufschwung und Verfall und verfeinerte
Staatskunst
Zeigt' ich, und zeigte sie wahr, aber mit Würde zugleich;

Denn mir schien's, als wolle der Mensch in erhabenen
              Stunden
Ohne Contrast anschaun große Naturen allein.

Racine.

Sinnreich trat in die Spuren ich ein des bewunderten
              Meisters;
  Aber verweichlicht schon, ärmer an Kraft und Genie.
Doch weil allzugalant ich der Liebe Sophistik entfaltet,
  Huldigen mir Frankreichs Kritiker allzugalant.
Zwar Melpomene segnete mich; doch wandte sich Klio
  Weg, sie erkannte jedoch meinen Britannicus an.

Alfieri.

Manches gewagte Problem und die spröbesten Stoffe be-
              wältigt
  Mein siegreicher Verstand, meine vollendete Kunst;
Doch mir mangelt geschichtlicher Sinn, ich entbehre der
              Griechen
  Milde zu sehr, mir fehlt Ruhe der Seele zu sehr.

Schiller.

Etwas weniger, Freund, Liebschaften! So wärst du be-
              liebt zwar
  Weniger, weil ja so sehr Thekla gefallen und Max:
Eins doch find' ich zu stark, daß selbst die begeisterte
              Jungfrau
  Noch sich verliebt, furchtbar schnell, in den brittischen Lord.

Alfieri's Grab.

Unter den Würdigen schläfst du ein Würdiger, wo der
              Sistina
  Schaffender Geist ausruht neben dem Macchiavell.

Parini.

Höchst ehrwürdig und groß zeigt Dante des alten Italiens
    Bild, und das mittlere zeigt lieblich und schön Ariost;
Aber du maltest das neue, Parini! Wie sehr es gesunken,
    Zeigt dein spielender, dein feiner und beißender Spott.
Dient es zum Vorwurf dir, daß dein Jahrhundert so
        klein war?
Eher zum Lobe! Du warst wirklicher Dichter der Zeit

Die Epigramme.

Blos Aufschriften ja sind Epigramme, die Treue der
        Wahrheit
Aber verleiht oftmals kleinen Gesängen Gehalt.

Auf ein Bild in Pistoja.

Seht und bestaunt die Madonna des holden Lorenzo di Credi:
    Schönere wurden gemalt, keine vollendetere.

Umiltà in Pistoja.

Fragen sie, wer mich baute, so sprich: Ventura Bitoni
    War nur ein Handwerksmann, aber die Zierde der Kunst.

Uguccione della Fagginola. [19]

Mäßig zu sein, ermahn' ich die künftigen Helden, dieweil ich
    Ueber ein Mittagsmahl Lucca wie Pisa verlor.

Madonna delle carceri in Prato.

Freund, mich hat San Gallo gebaut, der etrurischen Kirchen
    Kleinste, jedoch dünkt mich's, schön wie die schönste zu sein.

Baukunst.

Alles verleiht beinahe dem Maler die schöne Natur schon,
Baukunst aber erheischt feineren geistigen Sinn:
Pomp, Zierraten und dorische Säulen und gothische Schnörkel,
Spielzeug sind sie, wofern fehlt der geheime Begriff;
Aber ein wirkliches Bauwerk ist ein versteinerter Rhythmus,
Deshalb selten, wie auch selten ein gutes Gedicht.

***

Architektur und Poesie.

Baukunst nenn' ich die Kunst des Geschmacks, weil zwar
ein Gedicht wol
Ohne Geschmack oftmals, nie ein Gebäude gefällt.

Sanct Peter.

Meister entwarfen dereinst zum schönsten Gebäude der Welt
mich,
Stümpern erlag nachmals, plumpen Geschmacks, der
Koloß:
Mäßige Tempel darum, nicht riesige bauten die Griechen,
Wo Jahrhunderte dran stückeln, wie kann es gedeihn?

Papstthum.

Wäre der Geist nicht frei, dann wär' es ein großer Gedanke,
Daß ein Gedankenmonarch über die Seelen regiert.

Loyola.

Nicht war Luther im Stande, der Kirche Verfall zu bewirken,
Deiner fanatischen Wuth, spanischer Pfaffe, gelang's.

Kunstverfall.

Schönes Italien, ach, du erlagst der hispanischen Fratze!
Herrliche Tempel, in euch, die der Urbiner gemalt,

Schlich sich Abscheuliches ein, die abscheuliche Seele Loyola's:
  Wirklicher Glaube gebiert Schönes und Liebliches nur.

Madonnenverehrung.

Längst zwar trieb der Apostel den heiligen Dienst der Na-
  tur aus;
  Doch es verehrt sie das Volk gläubig als Mutter des Gotts.

Auferstehung.

Möge die Krämer verschonen der wiedererwachende Christus;
  Aber die Pfaffen indeß peitsch' er zum Tempel hinaus!
Weil dies feige Geschlecht ihn stets ein geduldiges Lamm schilt,
  Zeig' er sich ihm schreckhaft als ein gewaltiger Leu.

Wunderliche Heilige.

Dieser versucht es, den Schwalben zu predigen, Jener den
  Karpfen:
  Faßliche Wunder, jedoch einigermaßen verrückt!
Daß doch stets ein erhabener Mensch in der Welt an die
  tausend
  Affen und tausenderlei Carricaturen erzeugt!

Verdienst der Kunst.

Einst hat bildende Kunst dem entarteten Dienste des Heilands
  Würde verliehn, hat ihn näher gebracht der Natur.

Vasari's Biographien.

Herrliches thun, ist Tugend. Du hast, ein Plutarch in
  der Kunst, uns
  Schönere Thaten bewahrt, als die Legende gethan.

An Vasari.

Glücklicher, der du Italien sahst in der höchsten Verklärung,
   Ehe der pfäffischen Zeit plumper Geschmack es entehrt,
Der du die Werke der Kunst vollständig und glänzend und
                     neu sahst,
Deren die Hälfte zerstört nun, und die Hälfte zerstreut:
   Selbst die gebliebenen hat nachhelfender Pfuscher Verkehrtheit,
Tempel und Bilder zugleich, über die Maßen entstellt!

Leonardo da Vinci.

Nennt den Urbiner den ersten der Maler; allein Leonardo
   Ist zu vollendet, um blos irgend ein Zweiter zu sein.

Donatello's Sculpturen in Monte Pulciano.

Sehnsucht nach den Antiken errege der weiche Canova;
   Doch dein männlicher Ernst trifft, o Donato, das Herz.

Fresken in Monte Oliveto.

Düster beschaust du mit deinen Cypressen, o Kloster, den
                 Abgrund:
Dich aufhellend erschien Sodoma's heitere Kunst.

Volterra.

Hoch von der alten cyclopischen Mauer, mit Eichen be-
                 wachsen,
Ueber Gebirge hinweg, siehst du die Schiffe des Meers.

Napoleons Landhaus auf Elba.

Harmlos sitzt auf hoher Terrasse die säugende Pächtrin,
   Wo der Eroberer einst kühne Gedanken gedacht.

Die Insel Tino bei Palmaria.

Myrtengebüsch, Steineichen, in Trümmer zerfallenes Kloster,
  Leuchtthurm, felsige Bucht, liebliche Welle des Meers.

Turin.

Schnurgrad laufende Gassen und höchst kunstlose Gebäude:
  Doch es erfreuen von fern Alpen und ewiger Schnee.

Piemont.

Unglückseliges Land, wo stets militärjesuitisch
  Söldner und Pfaffen zugleich saugten am Marke des
        Volks!

Genf und Genua.

Zwei Freistaaten begrenzten den garstigen Staat und sie
        sahn sich
  Durch die Despoten Turins bitter gehaßt und bekämpft.
Doch sie trotzten dem Tück schen stets; blos Genua sank nun
  Unter das Joch schuldlos, Dank dem bewußten Congreß!

Tola.

Dich in der Blüte der Jugend erschlug die bescepterte Memme,
  Doch du erwartetest voll Ruhe das tödtliche Blei.
Auf die verlassene Gruft warf nächtliche Kränze die Freund=
        schaft,
  Einer Antiogone Hand malte die Worte darauf:
„Schlummer' in Frieden, o Tola, die Rache beflügelt den
        Schritt schon!"
  Traun, der Thrann wird nicht finden so ruhigen Tod.

Torrijos.

Blutend am Seestrand liegt der gemordete hohe Torrijos,
  Rings im vertraulichen Kreis seine Begleiter umher,

Kugeln gesenkt in die tapferen Herzen. O spüle gelind an,
  Salzige Thräne des Meers, schone des Helden Gebein,
Bis die Genossen der Freiheit einst den erhabenen Denkstein
  Ihm aufrichten. O laß ruhn den Torrijos indeß!

An die Märtyrer der Freiheit.

Flattert in heiligen Schaaren um uns, und die blutenden
                                        Fahnen
  Schwingt in der Schlacht, wann einst Männer und Sklaven
                                        im Kampf!

Aufruf.

Mordet getrost, Bluthunde! Der Tod ist süß wie die Liebe!
  Nicht um den Thron, glaubt uns, tauschen wir ein das
                                        Schaffot!

An die guten Fürsten.

Täuscht euch nicht, und erwartet Gewinn von der Schlechten
                                        Gemeinschaft:
  Einen Verbündeten blos gibt es, die Liebe des Volks!

In Monza.

Siehst du den Kamm und den Fächer der mächtigen Theo=
                                        bolinde,
  Wirst du bezeugen, es war keine verzärtelte Frau.

Domplatz in Cremona.

Sechs Jahrhunderte flogen dahin; doch magst du zurück dich
  Träumen, du siehest ringsum Werke der gothischen Kunst.

Auf ein großes Bild in Cremona. [20]

Seht, hier reicht dem gewaltigen Mann, dem italischen
                                        Kriegsgott,
  Als holdselige Braut Blanca Visconti die Hand;

Doch sie entsproßte dem Stamm blutsaugender Menschen-
verderber:
Traun, es erblickte die Welt selten entsetzlichere!
Ach, und die Schöne gebar dem Gemahl ein verruchtes
Geschlecht nur,
Das nach Italien bald fremde Tyrannen berief!

An die Brüder Frizzoni.

Ihr, voll seltener Liebe geneigt dem poetischen Wandrer,
Freunde, Genossen des Wegs, welche der Freund mir erzog:
Nehmt als Weihegeschenk die verwehenden Distichenkränze,
Freundschaft wöbe so gern ewige Myrten hinein!

König Enzio's Grab.

Nur ein moderner und häufig erneuerter Stein und ein
Bildniß
Künden, o Sohn Friedrichs, deine geduldete Qual!
Jugend und Schönheit, ach! hinschleppend in ewigem Kerker,
Starbst du, des Unglücksstamms letzter, ein Dichter und
Held!

Canossa.

Wo im Palaste den Papst herbergte die stolze Mathildis,
Konnte mir kein Obdach bieten der Pfarrer des Orts,
Welcher am Fuß des zertrümmerten Schlosses in ärmlicher
Hütte
Haust; doch bot er ein Glas herben lombardischen Weins.
So denn mußt' ich die neblige Nacht durchfrieren, wie Heinrich,
Mit der Laterne den Pfad suchen im steilen Gebirg.

Deutsche Kaiser.

Laß, o germanisches Volk, mir deiner Gewaltigen Irrthum,
Denen Italien einst theuer verkaufte den Ruhm!

Einwurf.

Sei's, daß Einige mir mein unstät Leben zu tadeln
    Suchen, indeß ich entfernt weile vom heimischen Herd;
Aber sie sollten mir erst kundthun den berühmten Poeten,
    Der ein berühmtes Gedicht hinter dem Ofen erfand.

Die Cicaden.

Kauft, rief einst mir ein Knabe, die anmuthsvollen Cicaden
    Hier in dem Körbchen, es sind Meister, o hört, im Gesang!
Sprach's, und ich setzte die kleinen gekauften Poeten in
                                    Freiheit,
    Wissend, wie sehr Freiheit jeglichem Dichter behagt.

Der Schwalbenräuber.

Schwalben, unzählige, hatten sich rings um die Hütte des
                                    Landmanns,
    Ob der erquicklichen Luft, Nester an Nester gebaut:
Fromm zwar hegte die Guten der Greis; doch als er ent-
                                    fernt war,
    Rückte die Leiter der Sohn, plünderte sämmliche Brut.
Wehe dem ruchlos Fühlenden, der den vertraulichen Vogel,
    Welcher an Gastfreundschaft glaubte, zu tödten gewagt!

Odyssee.

Dich zum Begleiter empfehl' ich dem Reisenden; aber vor
                                    Allem,
    Wenn des italischen Meers hohes Gestad' er umschifft:
Wunder und doch Wahrheit, Ehrfurcht vor dem Göttlichen
                                    lern' er,
    Lerne das Menschengemüth kennen und Menschengeschick.
Schönstes Gedicht! Nichts kommt dir gleich an Behagen
                                    und Anmuth,
    Unter den Neuen erschuf Aehnliches blos Ariost.

Pindar.

Nicht auf irdischer Flur haſt ſolchen Geſang du gelernt je,
Pindaros! Jegliche Nacht ſtiegſt zum Olymp du hinauf,
Lauſchend unſterblichem Lied, und erwachend am Morgen
erhubſt du
Hymnen, und ſchönere noch, als in dem Traum du ver-
nahmſt.

Byrons Don Juan.

Für dein reizendes epiſches Lied haſt wol du verdient dir's,
Glorreich über dem Staub griechiſcher Sänger zu ruhn.

Hermann und Dorothea.

Holpricht iſt der Hexameter zwar; doch wird das Gedicht ſtets
Bleiben der Stolz Deutſchlands, bleiben die Perle der
Kunſt.

Der deutſche Hexameter.

Wenn du Chorä'n einreihſt, ſtatt voller Spondä'n, es ent-
ſteht dann
Ein zwar ſchwächlicher ſtets, aber verzeihlicher Vers:
Wenn du jedoch bleiſchwere Spondä'n als Daktylusanfang
Einreihſt, mitleidslos wirſt du zerfleiſchen das Ohr.

Rhythmiſche Metamorphoſe.

Epiſch erſcheint in italiſcher Sprache der Ton der Octave;
Doch in der deutſchen, o Freund, athmet ſie lyriſchen Ton.
Glaubſt du es nicht, ſo verſuch's! Der italiſche wogende
Rhythmus
Wird jenſeits des Gebirgs klappernde Monotonie.

Horaz und Klopſtock.

Klopſtock ſuchte, beſchränkt wie Horaz auf Hymnus und Ode,
Immer erhaben zu ſein; aber es fehlte der Stoff.

Denn nicht lebte Horaz als deutscher Magister in Hamburg,
  Aber in Cäsars Rom, als es der Erde gebot.
Such', o moderner Poet, durch Geist zu ergänzen des Stoffs
                                  Fehl,
  Durch vielseitigen Styl decke die Mängel der Zeit.

Vorsorge der Natur.
Viel wol müßte geschehn, um neuere Dichter zu bilden;
  Aber des Triebs Allmacht rettet das große Talent.

Manier.
Ohne beständige, stets fortschreitende, mächtige Bildung
  Wird der moderne Poet nie der Manier sich entziehn:
Wer oft recht volksthümlich und deutsch in Gedichten zu
                                  sein glaubt,
  Eh' er die Hand umkehrt, fällt er in leere Manier.

Deutsche Genies.
Allzubequem doch möchte das Volk die unsterbliche Blume
  Pflücken! Es folgt Nachruhm blos der herkulischen That.

Aufmunterung.
Schön ist's, Großes zu thun und Unsterbliches.   Fühl' es,
                                  o Jüngling!
  Früh von der Stirn mühvoll rinne der männliche
                                  Schweiß!
Aber vergiß niemals, daß stets die geschwätzige Trägheit,
  Werthlos, ohne Verdienst, große Verdienste beschmutzt!

Jetzt und Einst.
Höchst genial zwar nennt sprachwidrige Verse die Mit=
                                  welt;
  Aber du wirst, Nachwelt, lieben ein edleres Deutsch!

Sprache.

Wer sich zu dichten erkühnt, und die Sprache verschmäht
und den Rhythmus,
Gliche dem Plastiker, der Bilder gehaun in' die Luft!
Nicht der Gedanke genügt; die Gedanken gehören der
Menschheit,
Die sie zerstreut und benutzt; aber die Sprache dem Volk:
Der wird währen am längsten von allen germanischen
Dichtern,
Der des germanischen Worts Weisen am besten verstand.

Günstige Auslegung.

Leer nennt, hör' ich, und schwer ein Magisterchen meine
Gesänge:
Leer an Geklimper vielleicht, schwer wie die reifende Frucht.

Verächtliche Ohnmacht.

Wer in Gedichten den Krieg mir erkärt, dem soll es ver=
ziehn sein;
Doch blos Ekel erregt kritisches Ammengewäsch.

Bitte.

Werft doch über den Dichter den Mantel der christlichen
Liebe,
Statt des Gemüths Mißgunst fromm zu bedecken mit
ihm!

An die Rigoristen.

Singen und Beten erscheint selbst Christen ein würdiges
Dasein;
Nun, ihr betet, ich selbst singe: verwandtes Verdienst!

Triumph.

Einer Lawine vergleich' ich den Dichter, es wälzt ja der
Feind selbst
Rasch ihn weiter; es kommt eine gerechtere Zeit.

Anschauung.

Tiefe Verblendung seh' ich gekuppelt an tiefe Gemeinheit,
Die in die Fersen so gern stäche den tapfern Achill.

An den Dichter.

Treu der Natur und entwachsen der flüchtigen Mode, be-
ginne,
Dichter, wiewol einsam deinen unsterblichen Ton!
Laß ephemere Gesellen beschrei'n dich oder verkleinern:
Jene vergehn, dir ward liebliche Dauer zu Theil.
Ungleich ist ja der Kampf, es bewaffnete Jene der Wahn
blos,
Während wie Pfeile du wirfst Liebe, Gesang, Melodie.

Die unnahbaren Tritte.

Heisere Frösche bequaken den Fernhintreffer Apollo;
Aber der Gott schwebt leicht über die Sümpfe hinweg.

Recensent der Liga von Cambrai.

Thema des Schauspiels ist der venetische Patriotismus,
Endlich am Ende des Stücks merkt's der gefoppte Gesell:
Niemals, ruft er mit hämischem Eifer, begeisterte Shake-
spear'n
Solch ein erbärmlicher Stoff! Große Gesinnungen blos!

An Denselben.

Keinen Charakter entdeckst du in diesem erbärmlichen
Schauspiel?
Wären es Schufte, du kämst besser mit ihnen zurecht.

An Denselben.

Wo der Gehalt doch steckt in dem Drama, verlangst du
      zu wissen?
   Nirgend, so wahr Gott lebt, für ein gemeines Gemüth!
Zwar nicht Jeder vermag das Erhabene vorzuempfinden;
   Aber ein Tropf, wer's nicht nachzuempfinden vermag.

An Denselben.

Was zur Begeistrung darf hinreißen den Dichter und was
      nicht,
   Wähnst du, er fänke so tief, dich zu befragen darum?

Der anonyme Verfolger.

Weßhalb tadelst du mich mit vermummtem Gesichte? Die-
      weil du
   Noch weit garstiger wärst, neben das Schöne gestellt.

An Denselben.

Birgst du den Namen? Es ist doch immer ein classischer
      Name:
   Dich schon redet Horaz „stinkender Mävius" an.

Skizze.

Oftmals zeichnet der Meister ein Bild durch wenige Striche,
   Was mit unendlichem Wust nie der Geselle vermag.

Recensent der Abassiden.

Für Hofschranzen erklärt, für hölzerne, diese Gestalten
   Irgend ein Gimpel; er macht eigenem Neide den Hof.

Neider und Mitleider.

Würze des Glücks scheint mir's, unermeßlichen Neid zu
      erregen;
   Platzt, und verleiht Spondä'n meinem elegischen Vers!

Verwunderung.

Wie? Du begeiferst den Meister, indeß du schielend und
    schwülstig
Schreibst? Erst lerne von ihm, alt wie du bist, den
    Geschmack!
Möchtest du dir auflegen ein pythagoräisches Schweigen,
    Ganz Ohr sein! — Ganz Ohr? — Ja, wie der Klepper
    Silen's.

Mahnung.

Schweige Gesang! Nicht länger verewigen sollst du die
    Bosheit:
Raufst du das Unkraut aus, bahne der Liebe den Weg!

Gerechte Rache.

Rache gewährt mir der Tag, wann blos mein Name
    zurückbleibt;
Säng' er noch itzt, ruft dann mancher vergebliche Wunsch.
Ach, wir lauschen umsonst, wie seine Hexameter wogen,
    Wie sein männlicher Geist auf dem Pentameter schwebt!

Seufzer.

Zeit nur und Jugend verlor ich in Deutschland, Lebens=
    erquickung
Reichte zu spät Welschland meinem ermüdeten Geist.

Nördliches und südliches Italien.

Dort das Gebirg der Abruzzen und hier die pontinischen
    Sümpfe
Führen vom Lande der Kunst nach der Natur Paradies.

Reiseregel.

Feire den Winter in Rom und genieße den lauen Scirocco
Aber des Len'n Sternbild treffe den Pilger am Meer

Meide der Küsten jedoch, die flach abfallen der See zu,
    Giftige Dünste, die Flut pralle vom zackigen Fels!

Die heißen Aufenthalte.

Willst du verglühn zur Kohle, so rath' ich im Sommer
                                Florenz dir,
    Oder Bologna, wie auch Pisa, die sonnige Stadt.

Perugia.

Kühle verleiht in den Tagen der Sonne das steile Perugia;
    Doch in den Tagen des Sturms scheint es des Aeolus
                                Herd.

Neapel.

Schön ist immer Neapel und mild; in der glühenden
                                Jahrszeit
    Bieteft du Zuflucht uns, luftige Küste Sorrents!

Pozzuoli.

Jenen erfreut Pompeji vor Allem, und Ischia Diesen,
    Portici Den, es behagt Manchem vor Allem Sorrent;
Aber ich liebe Pozzuoli und das Rebengeheg des Falerners,
    Gebe des bajischen Golfs seliger Ruhe den Preis.

Die Kelter im Grabmal.

Hier im antiken Gewölb, wo rings noch Scherben von
                                Urnen
    Stehn in den Nischen umher, keltert der Bauer den Wein:
Unsere Gräber beleuchtet, o Freund, kein sonniger Strahl
                                einst,
    Künftigen werden sie nie dienen zu süßem Gebrauch!
Modergeruch nur hauchen sie aus, die blos der Verwesung,
    Blos dem Gewürm schmachvoll unter der Erde geweiht.

Todtenverbrennung.

Heilige Flammen, o kehrt, kehrt wieder zurück, und gereinigt
  Werde des Tods hinfort schnöde verpestete Luft!
Möge zu Staub der Bestattende wieder die Leiche des Freundes
  Sanft auflösen, und sanft sink' in die Asche der Schmerz!
Wieder in reinlicher Urne, zunächst der bevölkerten Wohnung,
  Ruhe der köstliche Rest aller Geliebten um uns!

Villa Ricciardi.

Röthlich erblüht Oleander in üppigen Hecken, es schlingt sich
  Duftiges Rosengeflecht hoch an die Bäume hinauf;
Pinie ragt auf wiesigem Grund, und es öffnet das Thal sich
  Lachend, in das du so kühn, hohes Camalboli, schaust!
Doch von der Zinne des Hauses erblick' ich das große Neapel,
  Oder des bajischen Golfs ewigen Lenz, und Misen.

Floridiana.

Diese Paläste mit hangenden Gärten, es hat sie ein König,
  Auf des Gebirgs Felsblock, seiner Geliebten erbaut,
Grotten vertieft und Rotunden erhöht in der lachenden
          Wildniß,
  Ueber die Schluchten zugleich magische Brücken gewölbt.
Allwärts fesselt die Blicke der rauchende Berg, und der
          Purpur
  Deines Gewogs allwärts, segelbevölkerter Golf!

Villa Patrizi.

Einsam ruhst du und ernst und verwildert, o Villa Patrizi;
  Aber die schönste, wiewol menschlicher Pflege beraubt,
Ruhst, wie ein Kranz, mit dem Lorbeerhain und der schlan-
          ken Cypressen
  Mächtigem Gang, stets grün, auf des Posilippo Stirn!
Ja, hier wandle der Dichter allein, und im Wandel be-
          tracht' er,
  Durch die Cypressen hindurch, Küsten und Meer und Vesuv.

Villen in Frascati.

Hier in dem ewigen Grün tiefschattiger Wölbungen lerne
Dichten ein Dichter, und hier lieben ein liebendes Paar!

Wappen der Medici.

Wo nur immer ich euch, medicäische Kugeln, erblicke,
Garten und Tempel und Haus zierend in Rom und Florenz,
Weckt ihr Haß mir und Furcht, heillose Symbole der Knecht-
schaft,
Denen der edelste Staat, lange sich sträubend, erlag.

Macchiavelli's Tod.

Seliger Macchiavelli! Du starbst, als eben Fiorenza
Freiheit wieder, obschon kurz vor dem Fall, sich errang.

Logen im Kloster zu Assisi.

Dieser erhabene Gang und erhabene Blick in die Thäler
Lockt, durch Würde des Raums, aus dem Gemüth ein
Gedicht.

Ascoli.

Tief in dem üppigen Thal, vom rauschenden Tronto be-
wässert,
Eichenbeschattet, und doch reich an Oliven und Wein,
Liegst du, o Stadt, und geschmückt durch stattliche Werke
der Baukunst
Bietest dem Auge du stets freundlichen Wechselgenuß,
Siehst Jahrtausende schon altrömische Brückengewölbe
Mächtigen Schwungs dastehn, hemmend der Bäche Gewalt.

Auf ein Grabmal in Fermo.

Junger, gefallener Krieger, wie schlummerst du süß! Die
Madonna,
Schön in dem Marmor und ernst, hütet den lieblichen
Schlaf.

15

Das Kreuz am Meere.

Einsam steht es am Strand; doch Nachts beim Ave Maria
Nahn sich des Orts Jungfraun, küssen das Kreuz im Gebet.

Ancona.

Für schlechtriechende Gassen entschädigt, und für des Scirocco's
Drückende Luft der Triumphbogen am Molo Trajans.

Messe von Sinigaglia.

Wenig an deutschen Producten und blos Spielwaaren von
Nürnberg
Sah ich: O seid, Deutschlands zarte Symbole, gegrüßt!

Cecco di Giorgio in Urbino.

Gleich dem erlauchten Geschlecht, für das ich gebaut in Urbino,
Schnell, frühzeitig verfiel meiner Paläste Palast; [21]
Aber der Gänge, des Hofs und der Treppen Geschmack
und der Säle
Nennt im Verfall mich noch Lehrer des zierlichen Styls.

Lage von Urbino.

Auf daß Sanzio bald den befreundeten Himmel erreiche,
Wurde die Wieg' ihm schon über die Wolken erbaut.

San Marino.

Auf unersteiglichem Felsen und nicht zugänglich der Habsucht,
Blieb ich in Einfachheit alten Gesetzen getreu.
Weithin über das Meer bis nach den illyrischen Ufern,
Ueber's Gebirg weithin, wo die Marecchia fließt
Durch Eichwälder und lachende Thäler und tausenderlei
Grün,
Magst du von mir wegsehn, stehend im Neste des Aars.

Consulta von San Marino.

Als ich die Kirche besuchte, da wurden die jährigen Consuln
    Eben gewählt durchs Loos, wie es die Sitte gebeut:
Freilich, es war nur ein ländliches Paar, nicht Cajus und
                Cäsar;
    Doch sie versprachen dem Volk wieder ein friedliches Jahr.

Der Placidia Grab in Ravenna.

Fremde Gefühle vergangener Zeit durchbeben den Geist hier,
    Wo des Honorius Sarg neben der Schwester Gebein
Steht in der kleinen Capelle, geschmückt mit dem alten
              Musivwerk:
    Ließ dies schwache Geschlecht eine so dauernde Spur?

San Vitale in Ravenna.

Hohe Rotunde, du bist ein Product des entarteten Zeitlaufs;
    Uns Barbaren jedoch scheinst du erhaben=antik.

Christen des fünften Jahrhunderts.

Fackel und Pechkranz warf in die heidnischen Säulengebälke
    Christlicher Eifer, es wich Pallas und Bacchus und Mars;
Aber der Märtyrer Knochengeripp, der fanatische Moder
    Ward nun über dem Schutt rauchender Tempel verehrt.

Theodosius.

Heidnischem Dienst auf ewig entzogst du, o Kaiser, die
              Weltstadt,
    Nahmst die Victoria weg aus dem bekehrten Senat.
Ach, und es wich aus Rom nicht blos ihr heiliges Bildniß,
    Aber sie selbst, rathlos sank die entgötterte Stadt!

Erscheinung Christi.

Christus erschien; doch leider in höchst unseligem Zeitraum,
    Als sich das Menschengeschlecht neigte zu tiefem Verfall:

15*

Langsam drang sein lehrendes Wort in barbarische Seelen,
  Drang in verderbte zugleich, die es sophistisch entweiht.

Dante's Grab.

Dichter, es blieb dein Staub lang ohne das ehrende Denkmal,
  Bis der Venetische Leu hier in Ravenna gebot:
Dir dann baute die schöne Capelle der treffliche Bembo,
  Vater zu sein wol werth eines berühmteren Sohns. [22]

Kirchliche Architektur.

Aus den Rotunden erwuchs allmählich des griechischen Kreuzes
  Form, aus diesem sodann ward das lateinische Kreuz;
Aber es blieb die Rotunde, sie ward zur Kuppel erhoben:
  Möchte sie stets doch ruhn über dem griechischen Kreuz!

San Petronio in Bologna.

Dies ist gothische Kunst, doch ohne belastende Schnörkel:
  Geistiger Schwung hat hier Massen und Schwere besiegt.

Auf einen Sebastian von Francia.

Maler, du maltest das Unwahrscheinliche! Durft' ein Geschoß je
  Treffen des Jünglings hier zarten und göttlichen Leib?

Ariostens Grab.

Keinen Gesang, dir weih' ich die brennende Thräne der
                                        Scham blos,
  Der ich bis jetzt Nichts that, Asche des zweiten Homer!

Petrarca's Katze in Arquato.

Heil dir, kleines Skelett, das einst die unsterblichen Rollen
  Eines unsterblichen Manns gegen die Mäuse geschützt!

Venedig.

Plump und zu bunt ist Rom, und Neapel ein Haufe von
                                    Häufern;
 Aber Venedig erscheint eine vollendete Stadt.

Betrachtung.

Schön ist's, unter den Brücken hinburch in der länglichen
                                    Gondel
Schweben, und auch schön ist's, schweifend am Ufer umher
Deine Geschichte zu lesen in deinen Trophä'n, o Venedig!
Jene Geschichte der einst mächtigen Seerepublik,
Die, breizehn Jahrhunderte durch, sich erhält und bereichert,
Bis sie zuletzt umstürzt jener titanische Mann,
Der, da der Freiheit kurzer Moment den Talenten Ent-
                                    wicklung
Gönnte, sich rasch vordrängt als der Talente Talent,
Scepter entwindet und Scepter vertheilt. Ihm fielst du,
                                    Venedig;
 Aber er fiel halb selbst unter die Räder des Glücks!

Verfall.

Hilflos sinkst du dahin, unrettbar! Daß du so groß warst,
 Daß du verbunkeltest einst, Mächtige, Rom und Byzanz,
Frommt es dem Enkel? Es mehrt den unendlichen Schmerz
                                    und die Wehmuth:
 Alles vergeht; doch wird Schönes allein so beweint.

Die Venetianer.

Kaufmannsvölker erblickte die Welt oftmals, und erblickt sie
 Heute noch; aber es sind leidige Sammler des Gelds:
Ihr war't Helden und trugt im Gemüth die unsterbliche
                                    Großheit,
 Welche das Leben verklärt durch die Gebilde der Kunst.

Urbanität.

Nicht mehr länger beschützt der geflügelte Löwe Venedig,
　　Auch Sanct Marcus entwich sammt dem geweihten Panier.
Aber es blieb doch eine der Schutzgöttinnen, und Tempel,
　　Aus der verwilderten Welt flüchtend, erbaute sie hier:
Wißt, Urbanitas heißt die Beseligerin der Gemüther,
　　Die sich hier im Gefolg ewiger Grazien zeigt.
Fremdling! Selten vermagst du dem magischen Netz zu
　　　　　entziehn dich,
　　Welches um dich hulbreich jene Gefällige spinnt.
Sie auch bildete selbst die bezaubernden Klänge der
　　　　　Mundart:
　　Süßeres Wort hat nie menschliche Lippen beseelt.

Ehedem.

Könnt' ich so schön wie du warst, o Venedig, und wär's
　　　　　nur für einen
　　Einzigen Tag dich schaun, eine vergängliche Nacht!
Wieder von Gondeln belebt, von unzähligen, diese Kanäle
　　Schaun, und des Reichthums Pomp neben des Handels
　　　　　Erwerb!
Diese Paläste, verödet und leer und mit Brettern ver=
　　　　　schlossen,
　　Deren Balcone sich einst füllten mit herrlichen Fraun,
Wären sie wieder beseelt von Guitarren und fröhlichem Echo,
　　Oder von Siegesbotschaft, oder von Liebe zumal!
Still, wie das Grab, nun spiegelt und schwermuthsvoll
　　　　　in der Flut sich
　　Gothischen Fenstergewölbs schlanker und zierlicher Bau.

Doppelte Bestimmung.

Liebendem Paar wol dient zum Versteck die venetische
　　　　　Gondel,
　　Doch beim Leichengepräng' dient sie zur Bahre dem Sarg.

Vision des heiligen Marcus.

Einst, wie die Sage berichtet, beschiffte der heilige Marcus
Diese Lagunen und ward hier von der Nacht übereilt:
Sieh, und es band sein Schifflein an einen verlassenen
Pfahl er
Fest, und entschlief. Da erschien ihm der Gesandte des
Herrn:
Heil dir, o Marcus! begann zu dem Schläfer die Stimme
des Engels,
Hier, wo du ruhst, wird einst prächtig ein Tempel er=
stehn,
Deiner gesammelten Asche zum Schutz, und die schönste
der Städte
Wird sich an ihn anreihn, stolz und von Marmor erbaut:
Ihr sei Losungswort dein Name bereinst, es geziemt dir
Jener umfluteten Stadt Gonfaloniere zu sein!

Dom von Treviso.

Welch ein Genuß, in der schönen, unsterblichen Halle zu
wandeln,
Die dein zierlicher Geist, hoher Lombardi, gedacht! [23]

Pordenone's Fresken in Treviso.

Schaut dies Wunder der Kunst! Wie der ewige Vater die
Engel,
Jene gefallenen, jagt aus dem gestirnten Gefild:
Langsam treibt er sie fort, mit der Hand, zur Hälfte ge=
schlossen
Ist sein Aug', und er schwebt selig erhaben dahin!

Himmelfahrtsfest.

Oft mit dem Auge des Geists erblick' ich den herrlichen
Lenztag,
Sehe vom Volk ringsum Meer und Lagune bedeckt;
Festlich erscheint der Senat in dem prächtigen Bucentauro,
Barken zu tausend umher, voll von Musik und bekränzt:

Goldschwer wogt er dahin, ihn rudern die Arsenalotter;
   Diesem entgegen, zu Schiff eilst du heran, Patriarch!
Gießest ins Meer Weihwasser und streust lenzduftige Rosen,
   Dann, in die bläuliche Flut, schleudert der Doge den Ring.

Die Tauben von San Marco.

Alles zerstob; doch nisten die Tauben des heiligen Marcus,
   Wie in des Freistaats Zeit, über dem Dogenpalast,
Picken vom Platz ihr Futter, wie sonst, um die Stunde
           des Mittags,
   Wandeln, wie sonst, furchtlos zwischen den Säulen umher.
Zwar es ernährt sie der Staat nicht mehr; doch milde
           Beschützer
   Nähren sie jetzt, und es dünkt ihnen Venedig wie sonst.

Grab des Andreas Dandolo.

Heil dir, o Doge! Der frühesten Zeit Jahrbücher ver-
           dankt dir
   Jener gewaltige Staat, welchen mit Ruhm du beherrscht;
Aber der einzige Sieg, den Genua, lange triumphlos,
   Endlich erfocht, brach dein männliches Herz, und du
           starbst.

Victor Pisani. [24]

Als vom Kerker heraus, den ihm die Verleumder bereitet,
   Victor trat, aufs neu Führer der Flotte zu sein,
Drängte das Volk sich um ihn, und sie riefen: Es lebe
           Pisani!
   Aber er wandte sich streng gegen den Pöbel und sprach:
Bürgern geziemt es, zu rufen: Es lebe der heilige Marcus!
   Wann doch buhlete je knechtische Rufe der Staat?

Doge von Venedig.

Nicht als Bürger, sobald ich verließ die Lagune, Senator
   War ich im greisen Senat, König im festlichen Pomp.

Inschrift für die Murazzi.

Gegen das Meer aufbäumend die mächtige Mauer, verbeut hier
Unheilbringender Flut weiter zu gehn der Senat.

Rückblick.

Reizend erscheinst du, o Stadt; doch reizender warst du dem Jüngling
Einst, der feurigen Blicks Leben empfing und es gab.
Glückliche Jugend! Es wird in der Seele des zärtlichen Schwärmers
Jedes Gefühl Sehnsucht, jeder Gedanke Gefühl.

Lebenswechsel.

Ehmals litt ich die Schmerzen der Liebe, sie gingen vorüber;
Seitdem hab' ich jedoch Stunden und Tage vergähnt.

Denkspruch.

Fliehe die Schönheit, Freund, und genieße den köstlichen Frieden,
Der, dem Gemüth nahrhaft, schöne Gedanken erzieht!

Veränderung.

Ernsthaft bin ich geworden, ich fühl's; nicht bin ich derselbe,
Der ich als Jüngling schrieb jenes berühmte Besteck:
Nicht mehr wohnt im Gemüth der Erfindungen komische Fülle,
Welche verschwenderisch einst freundliche Seelen ergötzt:
Aber es ward seitdem auch Deutschland bitterlich ernsthaft,
Fern zwar lebt' ich und doch fühlt' ich den gleichen Beruf.

Beschränkte Wißbegierde.

Früher in Deutschland las ich so viel, zwölf Sprachen er-
lernt' ich;
Doch mir blieben zuletzt wenige Bücher getreu.

Naturstudien.

Emsig studirt' ich und gern die Natur; doch fühlt' ich
am Ende,
Daß sie poetisch allein spräche zu meinem Verstand.

Einseitiges Talent.

Tausend und tausend Geschenke vertheilt an die Menschen
das Schicksal,
Während es mir Nichts gab, außer die Gabe des Worts;
Doch mit dem einzigen Pfunde verstand ich zu wuchern und
schuf mir
Freunde, Genuß, Freiheit, Namen und einiges Gut.

Veränderte Zeiten.

Als ich allein noch stand und verlassen im Kampfe, da
galt es
Tapfer zu sein; doch jetzt leg' ich die Händ' in den
Schooß:
Denn schon warb ich ein Heer, und so weit sich ein deut-
sches Gefühl regt,
Treten in Schaaren bereits meine Vertheidiger auf.

Religiöser und poetischer Stolz.

Mögt an des Heilands Seite dereinst ihr sitzen in Glorie,
Oder den Gott anschaun, der sich entschleiert vor euch!
Dichtern genügt das geringere Glück, auf Erden zu wandeln:
Möcht' ich im Munde des Volks gehn von Geschlecht
zu Geschlecht!

Selbstlob.

Wie? Mich selbst je hätt' ich gelobt? Wo? Wann? Es
         entdeckte
Irgend ein Mensch jemals eitle Gedanken in mir?
Nicht mich selber, ich rühmte den Genius, welcher besucht mich,
     Nicht mein sterbliches, mein flüchtiges, irdisches Nichts!
Weil ich bescheiden und still mich selbst für viel zu gering hielt,
     Staunt' ich in meinem Gemüth über den göttlichen Gast.

Gedichte als Nachlaß.

Ihr, der erzeugenden, ihr, der ernährenden Mutter, der Erde,
     Laß ich ein frommes Geschenk kindlicher Liebe zurück.

Anmerkungen.

1) O holder Tag, als Emo's u. s. w.

Angelo Emo, der letzte venetianische Seeheld, starb wenige Jahre vor dem Untergang der Republik. Sein von Canova's Lehrer gearbeitetes und (wie Leute, die ihn gekannt haben, versichern) sprechend ähnliches Bildniß auf seinem Grabmale befindet sich gegenwärtig in S. Biagio. Dorthin ward es gerettet, als die Franzosen jene prachtvolle gothische Kirche (J Servi) zerstörten, in welcher Emo sammt seinen Ahnen und unter andern auch Paul Sarpi's Gebeine lagen. — Vom Dogen Paul Renier, der 1788 starb, kann man eine geistvolle Charakteristik in den Denkwürdigkeiten Carl Gozzi's lesen, und zwar aus einer Zeit, als Renier noch Senator war.

2) An seinem frühen Grabe u. s. w.
Otto II. liegt bekanntlich in der Peterskirche begraben.

3) Mein Gedicht u. s. w.
Die verhängnißvolle Gabel.

4) Wenn Palma's Heil'ge u. s. w.
Die heilige Barbara von Palma Vecchio befindet sich in S. Maria formosa, die Familie des Darius vor dem Alexander im Palast Pisani a S. Polo, und der Tobias in S. Marcilian.

5) Ein Ruf der Gondoliere.
Die Gondoliere in Venedig bedienen sich, wenn sie um die Ecke biegen, eines herkömmlichen Rufs, um das Aneinanderstoßen zweier Gondeln zu verhindern.

6) Wie auf dem Springquell hier der Meergott.
Der Oceanus im Garten Boboli.

7) Neben den schönen Koloß des Phidias.
D. h. auf dem Quirinal, wo Pius VII. wohnte.

8)   **Es hat's**
Dominichino's Pinsel gedacht.
Die erwähnte Freske von Dominichino befindet sich im Palast Costaguti.

9) Tief in der Grotte des Felseneilands &c.
Die sogenannten Ergastoli auf den Klippeninseln des tyrrhenischen Meers.

10) Rückstrahlende, wonnige Bucht.

Ein Kritikus hat sich über diesen Ausdruck lustig gemacht, wahrscheinlich weil er nie die Wirkung einer südlichen Sonne auf ein südliches Meer gesehen hat.

11) An die Brüder Frizzoni.

Das kleine Gedicht „die Flucht nach Toscana" gab Veranlassung zu dem vorliegenden, da von lombardischen Freunden eine Ehrenrettung der Lombardie verlangt wurde.

12) Wenn auch kein Masaniello u. s. w.

Masaniello war in Amalfi zu Hause.

13) Wo jenes Dichters Freund ertrank ꝛc.

Shelley, Byron's Freund. Sein Leichnam ward bekanntlich verbrannt.

14) Das Fischermädchen in Burano.

Burano ist eine Fischerinsel, ein Paar Millien von Venedig entfernt.

15) Wann die Lagune blitzt u. s. w.

Diese Verse beziehen sich, wie man leicht errathen wird, auf die starke Phosphorescenz der Lagune, die an gewissen Sommerabenden außerordentlich ist, und die angeführten Wirkungen hervorbringt.

16) Die nach Olivolo gingen ꝛc.

Olivolo, durch eine Brücke mit Venedig verbunden, liegt am östlichsten Punkte der Stadt, und ist der Sitz des ehemaligen Patriarchats, das in der neuesten Zeit nach St. Marcus versetzt worden. Der Raub der venetianischen Bräute fällt ins neunte Jahrhundert; doch wurde bis zum Untergang der Republik jährlich das Fest gefeiert, das jenen Vorfall verherlichen sollte. Man nannte es **la festa delle Maria.**

17) Aber er zeigt mir den Dom und des Attila steinernen Sessel.

Der Dom von Torcello ward im Jahr 1008 gegründet. Einen alten Bischofsstuhl, der im Freien steht, nennt das Volk den Stuhl des Attila. Attila spielt überhaupt noch immer eine Rolle in Venedig, und das stärkste und gewöhnlichste Schimpfwort daselbst, fiol d'un can, schreibt sich ohne Zweifel von ihm her. Denn die meisten venetianischen Chroniken berichten uns, daß Attila der Sohn eines Hundes gewesen. Diese Meinung beruht übrigens auf einer Sprachverwechslung, deren sich der Volkshaß blos bemächtigte; denn in einigen Chroniken findet man den hunnischen Autokraten auch als Sohn eines Chans bezeichnet.

18) Als diese Lagunen beherrschte der heilige Markus.

Al tempo di S. Marco ist der Ausdruck, dessen sich das gemeine Volk in Venedig bedient, um die Republik zu bezeichnen.

19) Uguccione della Faggiuola.

Das Epigramm bezieht sich auf die Abbildung des Uguccione im Campo santo zu Pisa. Ihm hat, nach einigen Auslegern, Dante seine Hölle zugeeignet, wiewol von Andern die bekannte Stelle im ersten Buch auf den Can grande bezogen wird. Hiezu gab vornehmlich der Ausdruck Veltro Veranlassung. Uebrigens scheint der Vers:

E sua nazion sarà tra Feltro e Feltro

auf den Scaliger wenig zu passen, da sich kaum annehmen läßt, daß Dante eine so berühmte Stadt wie Verona auf eine so wunderliche Weise sollte bezeichnet haben.

20) Auf ein Bild in Cremona.

Das Bild ist von Giulio Campi und befindet sich in S. Sigismondo. Bekanntlich gab Philipp Visconte seiner Tochter, als er sie mit Francesco Sforza vermählte, Cremona zur Mitgift.

21) meiner Paläste Palast.

Diese Behauptung unterliegt einer Controverse, da namentlich mein Freund Rumohr den Cecco di Giorgio (d. h. nach unsrer Art zu reden, den Francesco Martini, Sohn des Giorgio) zum blosen Ingenieur und Festungsbaumeister machen will und ihm sowol den herzoglichen Palast in Urbino als auch die ihm in Siena, seiner Vaterstadt, zugeschriebenen Paläste abspricht. Er würde jedoch diese Meinung fallen lassen, wenn er das Urbinatische bereist und in den dasigen Städtchen eine Reihe von Gebäuden gesehen hätte, welche die auffallendste Aehnlichkeit mit denjenigen haben, die man dem Cecco in Siena zuschreibt. Daß Vasari den Palast in Urbino für ein Werk von Cecco erklärt, würde zwar von keinem Gewicht sein, da gerade jene Biographie zu den kahlsten und mangelhaftesten der ganzen Sammlung gehört; auch erhellt aus Urkunden, daß der Herzog von Urbino jenen Palast von einem dalmatinischen Baumeister habe anfangen lassen. Dies mag, was den Beginn anbelangt, ganz richtig sein; gleichwol bin ich, wegen der oben erwähnten Analogie, überzeugt, daß Cecco bei weitem das Beste an jenem Gebäude gethan; ein Gebäude, das Bramante offenbar in seiner Jugend studirt und zum Muster genommen hat. Sollte ein solches Werk von einem ganz unbekannten Künstler herrühren, von welchem man weder früher noch später etwas gehört hat? Gewiß hatte es zu Vasari's Zeit einen großen Ruf und wurde allgemein dem Cecco di Giorgio zugeschrieben. Was die sanesischen Paläste betrifft, so muß ich auch hierin die Meinung des genannten Freundes bestreiten, der die Bauwerke Cecco's dem Bernardo Rosselini zuschreiben will. Daß Bernardo den sogenannten Palazzo delle Papesse gebaut, wo die Schwestern Pius II. wohnten, unterliegt keinem Zweifel; denn dieser

Palast verräth durch und durch seinen Styl und wird ihm auch allge-
mein zuerkannt. Aber daß auch die Paläste Piccolomini, Spanochi und
ähnliche, so wie die Loggia de Piccolomini von seiner Hand sein sol-
len, scheint mir unglaublich, da ich ihm keinen so großen Sprung in
der Kunst, namentlich bei vorgerückten Jahren, zutraue.

22) Vater zu sein wol werth eines berühmteren Sohns.
Des Cardinals Peter Bembo.

23) Die dein zierlicher Geist, hoher Lombardi,
gedacht.

Zu den vorzüglichsten Bauwerken, die Venedig der Familie Lom-
bardi verdankt, gehören der Palast Vendramin, die Scuola di S.
Rocco, die Scuola di S. Marco, die Kirchen S. Felice, Madonna
de' Miracoli, S. Maria Mater Domini und das Innere von San Sal-
vatore. Ein Paar ihrer schönsten Kirchen, worunter die berühmte Kar-
thause auf der gleichnamigen Insel, wurden von den Franzosen demolirt.
— Die Grabcapelle Dante's in Ravenna ist von Peter Lombardi.

24) Victor Pisani.
Das Marmorbild dieses Helden befindet sich gegenwärtig im Arse-
nal, es ist zugleich als Sculptur aus dem vierzehnten Jahrhundert
merkwürdig. Ein Nachkomme des großen Pisani hat es aus der Kirche
S. Antonio gerettet, welche Napoleon niederreißen ließ, um die öffentli-
chen Gärten anzulegen.

Ende.

Inhalt.

Fortsetzung umstehend.

Die Fortsetzung erscheint regelmäßig!

☞ **Jeder Band ist einzeln käuflich.** ☜

1261169R0

Printed in Germany by
Amazon Distribution
GmbH, Leipzig